■新版■

入門 経営分析

【第2版】

倉田三郎
[監修]

藤永　弘
[編著]

長井敏行
宮地晃輔
安高真一郎
松本大吾
[著]

同文舘出版

〔執筆者・担当分担〕

藤永　　弘　第1章
　　　　　　第2章
松本　大吾　第3章
長井　敏行　第4章
　　　　　　第7章
安高真一郎　第5章
　　　　　　第6章
宮地　晃輔　第8章

まえがき

　近年,「経営分析（財務分析・財務諸表分析を含む）」に関する関心が非常に高まっている。その理由は多様であるが，共通していえることは，経営活動の結果を写像している「財務諸表」を分析・解読して経営の実態を知りたいことと，経営活動を写像している財務諸表が経営に関する「情報の宝庫」であることが理解され始めていることの表れであるといえる。

　会計学教育においても「財務諸表を作成する教育」（簿記教育）と共に,「財務諸表を分析する教育」（経営分析教育）が重視されている。また，簿記・会計教育の1つの仕上がり基準・達成基準として，前者の簿記教育については「簿記検定試験」が実施され，後者の経営分析教育については「ビジネス会計検定試験」が実施されている。

　経営分析は，営利企業のみならず「あらゆる継続的事業体」の経営目的達成に向けての経営活動の適否・良否を明らかにすると共に，その適否・良否の原因を究明して，その継続的事業体が社会的な役割を果たすように経営活動の改善を図るものである。継続的事業体には，企業，国・地方自治体，病院，学校，NPO，家庭などがある。したがって，経営分析は，あらゆる継続的事業体の経営目的達成に向けての経営活動の適否・良否を明らかにするために使用することができる。

　本書は，このような経営分析の基礎理論と基本的な技法（スキル）を学び，財務諸表の「解読力」と「分析力」を身に付けるための入門書・基本書として出版するものである。経営分析に関する著書は多く出版されているが，本書は，経営分析教育の在り方の検討を踏まえて，次のような特色を有する。

(1) 本書は，単なる技法の解説でなく，会計が経営活動の「将来の姿」,「現在の姿」,「過去の姿」を写像するものであるとの立場から，経営活動の結果としての財務諸表の分析を通じて経営活動の適否・良否を判断できる能力の育成を目指している。

(2) 本書の経営分析の対象とした財務諸表は，ボイラー，ポンプそして水の浄化・処理機器・装置などで日本のみならず世界の業界をリードしている「三浦工業(株)」の財務諸表を分析対象として利用させていただいている。
(3) 本書で学修した「財務諸表の読解力と分析力」および「経営分析の基礎理論と技法」の理解力を確認するために，「ビジネス会計検定試験」の受験力の育成を目指している。
(4) 本書は，経営分析を含む会計学教育は，「理論科学であると共に，実践科学である」，「会計学と経営学は相互補完関係である」という考えでの経営分析の入門書・基本書である。

　本書は，経営分析教育の在り方について，共著者が教育経験を出し合いながら検討を行い出版したものであるが，今後も引き続き検討を加えていきたいと考えているのでご教示をお願いしたい。

　本書の出版に際しては，同書名『入門経営分析』の共著者であった松山大学名誉教授・大阪国際大学名誉教授の倉田三郎先生には，本書『入門経営分析』の監修をお願いすると共に，三浦工業(株)へのご協力依頼をしていただいた。感謝を申し上げたい。同時に，株式会社ミウラ取締役社長・大阪国際大学客員教授の宮内俊男氏，三浦工業株式会社常勤監査役福島荘司氏からは同社の各種の資料を提供していただき，そしてそれらの資料の掲載を快く認めていただいた。三浦工業(株)の財務諸表を分析するに際して，同社の分析数値を他社の分析数値や業界の平均値などと比較することはきわめて有用な情報となると考えて，従来，日本経済新聞社の『日経経営指標』を使用していたが，平成22年3月期をもって，廃刊となったので，本改訂版において日本政策投資銀行設備投資研究所の『2014年版産業別財務データハンドブック』（2014年12月発行）を利用させていただいた。日本政策投資銀行設備投資研究所にも感謝申し上げたい。なお，本書の初版以来ご執筆と全体的調整でご協力をいただいていた坂下紀彦先生が札幌学院大学ご退職に伴い執筆陣から降りられることになった。長い間のご指導・ご教示に対して感謝の意を表したい。今回の改訂から，坂下紀

まえがき

彦先生のご担当章は,長崎県立大学の宮地晃輔先生と青森大学の松本大吾先生に担当していただくことにした。

　最後に,同文舘出版(株)の青柳裕之氏,大関温子氏には,今回の改訂にあたっても原稿の整理や校正など大変お世話になった。ここにお名前を掲載させていただき感謝の意を表したい。

　平成27年11月吉日

　　　　　　　　　　　　　　　　　　　　　　　編著者　　藤永　弘

目　次

第1章　経営分析とは何か ─────── 1
第1節　経営分析の意義と目的 ………………………………… 1
第2節　経営活動と経営分析─経営と会計の相互関係─ …… 2
第3節　経営分析の限界 ………………………………………… 4
第4節　経営分析の体系 ………………………………………… 4
　1．経営分析の体系による分類 ……………………………… 5

第2章　財務諸表・有価証券報告書の読み方 ─── 7
第1節　財務諸表の意義と内容 ………………………………… 7
　1．財務諸表の意義 …………………………………………… 7
　2．財務諸表の種類 …………………………………………… 8
　3．財務諸表・決算書の種類 ………………………………… 8
第2節　財務諸表の読み方 ……………………………………… 10
　1．貸借対照表 ………………………………………………… 10
　2．損益計算書 ………………………………………………… 12
　3．キャッシュ・フロー計算書 ……………………………… 14
　4．株主資本等変動計算書 …………………………………… 18
第3節　有価証券報告書の意義と内容 ………………………… 19
第4節　経営分析報告書の内容と作成 ………………………… 21

第3章　安全性の分析 ─────── 23
第1節　安全性分析の意義 ……………………………………… 23
第2節　短期の安全性分析 ……………………………………… 24
　1．短期の安全性分析の意義 ………………………………… 24
　2．流動比率 …………………………………………………… 24

v

3．当座比率 ··· 28
　　4．手元流動性比率 ··· 31
　　5．インタレスト・カバレッジ・レシオ ················ 32
　　6．経常収支比率 ·· 34
　第3節　長期の安全性分析 ···································· 37
　　1．長期の安全性分析の意義 ····························· 37
　　2．自己資本比率 ·· 37
　　3．負債比率 ·· 39
　　4．固定比率 ·· 41
　　5．固定長期適合率 ··· 44
　第4節　資金運用効率の分析 ································· 47
　　1．資金運用効率の分析の意義 ·························· 47
　　2．総資本（総資産）回転率 ····························· 48
　　3．売上債権回転率 ··· 50
　　4．仕入（買入）債務回転率 ····························· 52
　　5．棚卸資産回転率 ··· 54
　　6．固定資産回転率 ··· 56

第4章　収益性の分析 ──── 59
　第1節　収益性分析の意義 ···································· 59
　　1．収益性の概念 ·· 59
　　2．資本利益率の意義 ······································ 61
　　3．資本利益率の種類 ······································ 63
　　4．資本利益率の分解 ······································ 64
　第2節　資本利益率の分析 ···································· 65
　　1．総資本利益率 ·· 65
　　2．自己資本利益率 ··· 68
　　3．経営資本営業利益率 ··································· 71

第3節　売上高利益率の分析 ……………………………………… 72
　1．売上高利益率の意義と概念 ………………………………………… 72
　2．売上高総利益率 ……………………………………………………… 73
　3．売上高営業利益率 …………………………………………………… 75
　4．売上高経常利益率 …………………………………………………… 78
　5．売上高当期利益率 …………………………………………………… 80

第5章　キャッシュ・フローの分析 ─────── 83
第1節　キャッシュ・フロー分析の意義 ……………………… 84
第2節　キャッシュ・フロー分析 ………………………………… 85
　1．キャッシュ・フロー対流動負債比率 ……………………………… 85
　2．営業活動によるキャッシュ・フロー対売上高比率 ……………… 88
　3．1株当たりキャッシュ・フロー …………………………………… 90
第3節　キャッシュ・フロー経営 ………………………………… 92

第6章　損益分岐点分析 ──────────────── 95
第1節　損益分岐点分析の意義 …………………………………… 95
　1．損益分岐点の求め方 ………………………………………………… 96
第2節　固定費と変動費 ……………………………………………… 103
　1．固定費と変動費の意義 ……………………………………………… 103
　2．固定費と変動費の分解方法 ………………………………………… 105
第3節　限界利益分析 ………………………………………………… 109
　1．限界利益 ……………………………………………………………… 109

第7章　生産性の分析 ───────────────── 111
第1節　付加価値の意義と概念 …………………………………… 111
　1．ミクロ経済学 ………………………………………………………… 111
　2．マクロ経済学との関係 ……………………………………………… 113
　3．付加価値の計算式 …………………………………………………… 113

第2節　労働生産性 …………………………………………… 116
1. 生産性の意義 ……………………………………………… 116
2. 労働生産性と資本生産性 ………………………………… 116
3. 分配分析 …………………………………………………… 120
4. 労働生産性の実例分析 …………………………………… 121

第8章　成長性の分析と総合評価 ─────────── 123
第1節　成長性分析と総合評価の意義 ……………………… 123
第2節　成長性の分析 ………………………………………… 125
1. 売上高伸び率 ……………………………………………… 125
2. 経常利益伸び率 …………………………………………… 127
3. 自己資本増加率 …………………………………………… 128
4. 長期趨勢分析 ……………………………………………… 129
第3節　株価関連の分析指標 ………………………………… 131
1. 1株当たり純資産 ………………………………………… 131
2. 1株当たり純利益 ………………………………………… 132
3. 配当性向 …………………………………………………… 133
4. 自己資本配当率 …………………………………………… 135
第4節　指数法 ………………………………………………… 136
1. ウォールの指数法 ………………………………………… 137
2. 日本経済新聞社の総合的企業評価 ……………………… 139
第5節　企業集団（グループ）の評価 ……………………… 141
1. 連結と単独の比較による分析 …………………………… 141
2. セグメント情報による分析 ……………………………… 146
第6節　非財務情報を用いた総合評価 ……………………… 148
1. 非財務情報とCSR報告書 ………………………………… 148
2. 三浦工業(株)のCSR報告書 ……………………………… 148

資料1　連結貸借対照表

連　結　貸　借　対　照　表　　　　　　（単位：百万円）

区　　分	平成26年3月31日	平成27年3月31日	区　　分	平成26年3月31日	平成27年3月31日
資産の部			負債の部		
流動資産			流動負債		
現金及び預金	16,738	20,310	支払手形及び買掛金	2,784	3,201
受取手形及び売掛金	23,993	25,094	関係会社短期借入金	20	30
リース投資資産	2,150	2,065	未払法人税等	2,569	1,174
有価証券	13,374	11,873	前受金	6,527	7,865
商品及び製品	4,286	4,901	製品保証引当金	659	634
仕掛品	2,134	2,491	賞与引当金	4,043	3,522
原材料及び貯蔵品	4,791	5,621	株主優待引当金	—	37
繰延税金資産	2,318	2,120	環境対策引当金	10	9
その他	658	1,074	資産除去債務	7	13
貸倒引当金	△56	△73	その他	5,880	7,308
流動資産合計	70,391	75,480	流動負債合計	22,503	23,798
固定資産			固定負債		
有形固定資産			繰延税金負債	2	1,628
建物及び構築物	31,057	34,690	役員退職慰労引当金	70	55
減価償却累計額	△12,160	△12,877	退職給付に係る負債	2,361	445
建物及び構築物(純額)	18,896	21,812	その他	382	380
機械装置及び運搬具	6,915	8,128	固定負債合計	2,817	2,508
減価償却累計額	△4,400	△4,759	負債合計	25,321	26,307
機械装置及び運搬具(純額)	2,515	3,368	純資産の部		
土地	11,392	11,674	株主資本		
リース資産	68	90	資本金	9,544	9,544
減価償却累計額	△23	△32	資本剰余金	10,088	10,088
リース資産(純額)	44	58	利益剰余金	78,552	86,306
建設仮勘定	820	859	自己株式	△7,053	△7,056
その他	6,892	7,283	株主資本合計	91,132	98,883
減価償却累計額	△5,435	△5,782	その他の包括利益累計額		
その他(純額)	1,456	1,501	その他有価証券評価差額金	860	2,560
有形固定資産合計	35,126	39,275	為替換算調整勘定	1,405	3,030
無形固定資産	569	659	退職給付に係る調整累計額	△1,362	△1,483
投資その他の資産			その他の包括利益累計額合計	903	4,108
投資有価証券	9,823	11,072	新株予約権	122	205
退職給付に係る資産	—	1,651	少数株主持分	18	21
繰延税金資産	431	76	純資産合計	92,177	103,218
長期預金	103	100	負債純資産合計	117,498	129,525
その他	1,086	1,240			
貸倒引当金	△33	△32			
投資その他の資産合計	11,411	14,109			
固定資産合計	47,107	54,044			
資産合計	117,498	129,525			

資料2 連結損益計算書

連 結 損 益 計 算 書

(単位：百万円)

区　分	自　平成25年4月1日 至　平成26年3月31日	自　平成26年4月1日 至　平成27年3月31日
売上高	85,535	90,424
売上原価	49,939	53,380
売上総利益	35,595	37,044
販売費及び一般管理費	26,630	28,032
営業利益	8,965	9,011
営業外収益		
受取利息	151	155
受取配当金	145	148
受取賃貸料	384	394
為替差益	356	549
その他	354	570
営業外収益合計	1,392	1,817
営業外費用		
支払利息	0	0
その他	59	29
営業外費用合計	59	29
経常利益	10,298	10,799
特別利益		
固定資産売却益	375	10
特別利益合計	375	10
特別損失		
固定資産売却損	55	57
固定資産除却損	195	83
減損損失	297	—
投資有価証券評価損	3	5
関係会社株式評価損	—	87
関係会社株式売却損	—	15
特別損失合計	551	249
税金等調整前当期純利益	10,122	10,559
法人税、住民税及び事業税	4,094	3,006
法人税等調整額	△261	87
法人税等合計	3,832	3,094
少数株主損益調整前当期純利益	6,290	7,465
少数株主利益	1	0
当期純利益	6,288	7,464

資料3　連結包括利益計算書

連結包括利益計算書

(単位：百万円)

区　分	自　平成25年4月1日 至　平成26年3月31日	自　平成26年4月1日 至　平成27年3月31日
少数株主損益調整前当期純利益	6,290	7,465
その他の包括利益		
その他有価証券評価差額金	528	1,700
為替換算調整勘定	2,090	1,627
退職給付に係る調整額	―	△120
その他の包括利益合計	2,619	3,206
包括利益	8,909	10,672
(内訳)		
親会社株主に係る包括利益	8,904	10,669
少数株主に係る包括利益	4	2

資料4　連結株主資本等変動計算書

連結株主資本等変動計算書

自　平成25年4月1日　至　平成26年3月31日

(単位：百万円)

	株主資本					その他の包括利益累計額					新株予約権	少数株主持分	純資産合計
	資本金	資本剰余金	利益剰余金	自己株式	株主資本合計	その他有価証券評価差額金	為替換算調整勘定	退職給付に係る調整累計額	その他の包括利益累計額合計				
当期首残高	9,544	10,088	73,737	△7,056	86,312	332	△682	―	△349	52	14	86,029	
会計方針の変更による累積的影響額													
会計方針の変更を反映した当期首残高	9,544	10,088	73,737	△7,056	86,312	332	△682	―	△349	52	14	86,029	
当期変動額													
剰余金の配当			△1,574		△1,574							△1,574	
当期純利益			6,288		6,288							6,288	
自己株式の取得				△2	△2							△2	
自己株式の処分		0		5	6							6	
連結範囲の変動			101		101							101	
株主資本以外の項目の当期変動額(純額)						528	2,087	△1,362	1,253	70	4	1,328	
当期変動額合計	―	0	4,815	3	4,819	528	2,087	△1,362	1,253	70	4	6,147	
当期末残高	9,544	10,088	78,552	△7,053	91,132	860	1,405	△1,362	903	122	18	92,177	

連結株主資本等変動計算書
自 平成26年4月1日 至 平成27年3月31日
(単位:百万円)

	株主資本					その他の包括利益累計額				新株予約権	少数株主持分	純資産合計
	資本金	資本剰余金	利益剰余金	自己株式	株主資本合計	その他有価証券評価差額金	繰延ヘッジ損益	為替換算調整勘定	退職給付に係る調整累計額			
当期首残高	9,544	10,088	78,552	△7,053	91,132	860	1,405	△1,362	903	122	18	92,177
会計方針の変更による累積的影響額			2,538		2,538							2,538
会計方針の変更を反映した当期首残高	9,544	10,088	81,090	△7,053	93,670	860	1,405	△1,362	903	122	18	94,715
当期変動額												
剰余金の配当			△2,249		△2,249							△2,249
当期純利益			7,464		7,464							7,464
自己株式の取得				△2	△2							△2
自己株式の処分												
連結範囲の変動					—							
株主資本以外の項目の当期変動額(純額)						1,700	1,625	△120	3,204	82	2	3,289
当期変動額合計	—	—	5,215	△2	5,212	1,700	1,625	△120	3,204	82	2	8,502
当期末残高	9,544	10,088	86,306	△7,056	98,883	2,560	3,030	△1,483	4,108	205	21	103,218

資料5 連結キャッシュ・フロー計算書

連結キャッシュ・フロー計算書
(単位:百万円)

区分	自 平成25年4月1日 至 平成26年3月31日	自 平成26年4月1日 至 平成27年3月31日
営業活動によるキャッシュ・フロー		
税金等調整前当期純利益	10,122	10,559
減価償却費	2,192	2,546
減損損失	297	—
退職給付費用	—	750
前払年金費用の増減額(△は増加)	456	—
退職給付に係る資産の増減額(△は増加)	—	△555
退職給付に係る負債の増減額(△は減少)	253	△9
貸倒引当金の増減額(△は減少)	△42	7
賞与引当金の増減額(△は減少)	710	△543
株式報酬費用	76	82
受取利息及び受取配当金	△297	△303
支払利息	0	0
為替差損益(△は益)	△214	△468
投資有価証券評価損益(△は益)	3	5
関係会社株式評価損	—	87
関係会社株式売却損益(△は益)	—	15

有形固定資産除売却損益（△は益）	△127	131
無形固定資産除売却損益（△は益）	2	—
売上債権の増減額（△は増加）	△1,426	△740
たな卸資産の増減額（△は増加）	△805	△1,407
仕入債務の増減額（△は減少）	△47	205
前受金の増減額（△は減少）	196	1,158
その他	135	1,542
小計	11,484	13,061
利息及び配当金の受取額	300	312
利息の支払額	△0	△0
法人税等の支払額	△3,264	△4,411
営業活動によるキャッシュ・フロー	8,521	8,963
投資活動によるキャッシュ・フロー		
定期預金の預入による支出	△7,756	△9,718
定期預金の払戻による収入	7,880	10,335
貸付けによる支出	△184	△219
貸付金の回収による収入	100	21
有価証券の取得による支出	△14,698	△6,872
有価証券の売却及び償還による収入	14,100	11,372
投資有価証券の取得による支出	△295	△2
投資有価証券の売却及び償還による収入	517	1,412
連結の範囲の変更を伴う子会社株式の売却による支出	—	△8
関係会社株式の取得による支出	—	△316
関係会社出資金の払込による支出	△40	—
有形固定資産の取得による支出	△4,482	△6,597
有形固定資産の売却による収入	486	256
その他	△309	△325
投資活動によるキャッシュ・フロー	△4,681	△661
財務活動によるキャッシュ・フロー		
短期借入金の純増減額（△は減少）	—	10
リース債務の返済による支出	△5	△6
自己株式の取得による支出	△2	△2
自己株式の売却による収入	0	—
配当金の支払額	△1,573	△2,246
財務活動によるキャッシュ・フロー	△1,581	△2,245
現金及び現金同等物に係る換算差額	360	782
現金及び現金同等物の増減額（△は減少）	2,619	6,837
現金及び現金同等物の期首残高	13,256	16,922
連結の範囲の変更に伴う現金及び現金同等物の増減額（△は減少）	1,046	—
現金及び現金同等物の期末残高	16,922	23,760

資料6 貸借対照表（単体）

貸借対照表（単体）

（単位：百万円）

区　分	平成26年3月31日	平成27年3月31日	区　分	平成26年3月31日	平成27年3月31日
資産の部			**負債の部**		
流動資産			流動負債		
現金及び預金	8,375	8,722	買掛金	2,445	2,638
受取手形	6,797	7,933	関係会社短期借入金	80	30
売掛金	14,921	14,369	1年内返済予定の関係会社長期借入金	548	607
リース投資資産	2,232	2,143			
有価証券	13,374	11,872	未払金	2,559	2,289
商品及び製品	2,528	2,672	未払費用	1,490	2,020
仕掛品	1,123	1,424	未払法人税等	2,270	1,055
原材料及び貯蔵品	3,388	4,068	前受金	5,324	6,047
繰延税金資産	1,884	1,731	預り金	339	361
関係会社短期貸付金	1,260	969	賞与引当金	3,348	2,899
その他	476	551	製品保証引当金	558	498
貸倒引当金	△29	△22	株主優待引当金	—	37
流動資産合計	56,335	56,436	環境対策引当金	10	10
固定資産			その他	360	1,060
有形固定資産			流動負債合計	19,336	19,557
建物	14,603	17,150	固定負債		
構築物	722	716	関係会社長期借入金	477	68
機械及び装置	779	894	繰延税金負債	258	2,039
工具、器具及び備品	1,129	1,148	退職給付引当金	28	—
土地	9,855	10,020	その他	368	364
建設仮勘定	496	369	固定負債合計	1,133	2,472
その他	9	16	負債合計	20,469	22,029
有形固定資産合計	27,596	30,317	**純資産の部**		
無形固定資産			株主資本		
ソフトウェア	393	477	資本金	9,544	9,544
その他	118	115	資本剰余金		
無形固定資産合計	512	592	資本準備金	10,031	10,031
投資その他の資産			その他資本剰余金	0	0
投資有価証券	9,552	10,572	資本剰余金合計	10,032	10,032
関係会社株式	9,008	11,503	利益剰余金		
関係会社出資金	3,018	3,018	利益準備金	818	818
関係会社長期貸付金	—	450	その他利益剰余金		
前払年金費用	—	3,381	別途積立金	65,480	67,480
その他	802	839	繰越利益剰余金	6,532	11,486
貸倒引当金	△18	△10	利益剰余金合計	72,831	79,785
投資その他の資産合計	22,362	29,755	自己株式	△7,053	△7,056
固定資産合計	50,471	60,664	株主資本合計	85,534	92,305
資産合計	106,807	117,100	評価・換算差額等		
			その他有価証券評価差額金	860	2,560
			評価・換算差額等合計	860	2,560
			新株予約権	122	205
			純資産合計	86,338	95,071
			負債純資産合計	106,807	117,100

資料7 損益計算書（単体）

損 益 計 算 書（単体）

(単位：百万円)

区　分	自 平成25年4月1日 至 平成26年3月31日	自 平成26年4月1日 至 平成27年3月31日
売上高	74,208	76,415
売上原価	43,050	44,575
売上総利益	31,157	31,840
販売費及び一般管理費	23,899	24,709
営業利益	7,258	7,130
営業外収益		
受取利息及び受取配当金	361	355
受取賃貸料	848	945
為替差益	204	642
その他	536	753
営業外収益合計	1,951	2,696
営業外費用		
支払利息	0	0
その他	33	20
営業外費用合計	33	20
経常利益	9,175	9,806
特別利益		
固定資産売却益	0	1
関係会社株式売却益	―	585
特別利益合計	0	587
特別損失		
固定資産売却損	―	46
固定資産除却損	167	66
減損損失	297	―
投資有価証券評価損	3	5
関係会社株式評価損	―	11
関係会社株式売却損	―	753
特別損失合計	467	883
税引前当期純利益	8,708	9,510
法人税、住民税及び事業税	3,641	2,711
法人税等調整額	△246	△79
当期純利益	5,312	6,877

資料8　株主資本等変動計算書（単体）

株主資本等変動計算書（単体）

自　平成25年4月1日　至　平成26年3月31日　　　　（単位：百万円）

	株主資本									評価・換算差額等		新株予約権	純資産合計
	資本金	資本剰余金			利益剰余金				自己株式	株主資本合計	評価差額金	その他有価証券評価差額金	
		資本準備金	その他資本剰余金	資本剰余金合計	利益準備金	その他利益剰余金		利益剰余金合計					
						別途積立金	繰越利益剰余金						
当期首残高	9,544	10,031	—	10,031	818	63,480	4,794	69,092	△7,056	81,611	332	52	81,997
会計方針の変更による累積的影響額													
会計方針の変更を反映した当期首残高	9,544	10,031	—	10,031	818	63,480	4,794	69,092	△7,056	81,611	332	52	81,997
当期変動額													
別途積立金の積立						2,000	△2,000	—		—			—
剰余金の配当							△1,574	△1,574		△1,574			△1,574
当期純利益							5,312	5,312		5,312			5,312
自己株式の取得									△2	△2			△2
自己株式の処分			0	0					5	6			6
株主資本以外の項目の当期変動額（純額）											528	70	598
当期変動額合計	—	—	0	0	—	2,000	1,738	3,738	3	3,742	528	70	4,340
当期末残高	9,544	10,031	0	10,032	818	65,480	6,532	72,831	△7,053	85,354	860	122	86,338

株主資本等変動計算書（単体）

自　平成26年4月1日　至　平成27年3月31日　　　　（単位：百万円）

	株主資本									評価・換算差額等		新株予約権	純資産合計
	資本金	資本剰余金			利益剰余金				自己株式	株主資本合計	評価差額金	その他有価証券評価差額金	
		資本準備金	その他資本剰余金	資本剰余金合計	利益準備金	その他利益剰余金		利益剰余金合計					
						別途積立金	繰越利益剰余金						
当期首残高	9,544	10,031	0	10,032	818	65,480	6,532	72,831	△7,053	85,354	860	122	86,338
会計方針の変更による累積的影響額							2,325	2,325		2,325			2,325
会計方針の変更を反映した当期首残高	9,544	10,031	0	10,032	818	65,480	8,857	75,156	△7,053	87,679	860	122	88,663
当期変動額													
別途積立金の積立						2,000	△2,000	—					
剰余金の配当							△2,249	△2,249		△2,249			△2,249
当期純利益							6,877	6,877		6,877			6,877
自己株式の取得									△2	△2			△2
自己株式の処分										—			
株主資本以外の項目の当期変動額（純額）											1,700	82	1,782
当期変動額合計	—	—	—	—	—	2,000	2,628	4,628	△2	4,625	1,700	82	6,408
当期末残高	9,544	10,031	0	10,032	818	67,480	11,486	79,785	△7,056	92,305	2,560	205	95,071

第1章 経営分析とは何か

　経営分析とは何か。経営分析はいかなる意義を有し，またいかなる目的をもって，いかなる役割を果たしているのか。経営分析を行う主体は誰か。経営分析はいかなる組織の経営活動を分析対象としているのか，そこではいかなる公式や技法が使用されるのか。このような問題意識をもって，経営分析についての「理論的・実践的学修」を念頭におきながら「経営分析の世界」に進むことにする。

第1節　経営分析の意義と目的

　経営分析は，あらゆる「継続的事業体」の経営活動の適否・良否を明らかにするとともに，その原因を究明して，その継続的事業体が社会的な役割を果たすように経営活動を改善するものである。継続的事業体には，私企業のみならず，国・地方自治体，病院，学校，NPO・NGO，家庭などがある。経営分析の対象である継続的事業体の経営活動（実像としての経営活動）は，会計的数値により認識，測定して「財務諸表」あるいは「決算書」に写像され公開される。経営分析は，このように公表される財務諸表・決算書を中心に分析されることから，しばしば「財務諸表分析」，「財務分析」などともいわれるが，経営分析の対象は，財務諸表・決算書だけに限らず，経営活動すべてを対象とする

ことから経営分析ともいわれる。

　経営分析は，企業が公表する財務諸表を単に「過去志向的」に分析するだけでなく，経営者の経営意思決定の過程とその経営意思決定の結果が凝縮されている財務諸表であることから多くの「未来志向的」な分析結果を導き出すことができる。財務諸表は，まさに企業の将来，現在，過去の経営活動に関する「情報の宝庫」である。

　経営分析の目的は，企業内部の経営者，経営管理者の経営活動の計画と統制，あるいは経営意思決定と業績評価の適否・良否の判断と，経営外部の株主・投資家，債権者，仕入先，税務署などが各々の立場から，経営成績，財政状態，資金状況の適否・良否の判断に役立てることである。

第2節　経営活動と経営分析─経営と会計の相互関係─

　経営分析は，経営分析の対象である経営活動に対する理解が必要不可欠である。企業の経営と会計の相互関係を理解するために図示すると，図表1・1のようになる。

　企業は，現代社会の特徴であるグローバル化時代，高度情報化時代，価値観多様化時代，地球環境保全化時代などの時代認識の下で，企業外部の経済環境（世界・アジア・日本の経済環境）の予測や内部環境（物的・人的経営能力）の予測に基づいて，自社の経営理念・行動規範，経営目的，経営方針を明確にし，経営目的の達成のために，経営戦略，組織戦略，研究・開発戦略，人事戦略，販売戦略などの諸戦略を打ち込んだ経営計画・利益計画を設定する。そして，その利益計画を実行計画化するために財務的に裏打ちされた実行計画としての予算編成が行われる。このように，将来の経営活動の実行計画としての予算は，「将来の経営活動の姿」の写像された予算である。この予算に基づいて行われる経営活動は，「現在の経営活動の姿」を写像しながら予算による統制

図表1・1　経営活動の将来・現在・過去の写像

経営活動の写像	将来の経営活動の写像			現在の経営活動の写像	過去の経営活動の写像	経営活動の写像の伝達
	会計的築像			会計的写像		会計的写像の伝達
経営活動の流れ	経済・市場予測 →	企画設計 組織設計 →		経営計画 →	経営統制 → 業績測定 →	業績伝達
	経営理念・経営目的・経営戦略・経営方針等	企画設計・研究開発・組織設計・経営計画	利益計画・予算編成	予算統制（経営活動） → （会計システム） →	計算書類・財務諸表	利害関係者（外部・内部）
会計システム	管理会計システム（管理会計）				財務会計システム（財務会計）	
	経営会計システム（広義の管理会計システム）					
	経営会計（広義の管理会計）					

出所：藤永弘「経営と会計」片岡信之・佐々木恒男ほか編著『アドバンスト経営学』中央経済社，2010年，p.389を若干修正。

が行われる。そして一事業年度の経営活動の結果である「過去の姿」は，財務諸表に写像される。

　会計は，このように経営活動の将来の姿を「予算」に，経営活動の現在の姿を「日計表，月次決算など」に，そして経営活動の過去の姿である業績を「財務諸表・決算書など」に写像される。

　経営分析は，経営活動の結果の写像である財務諸表中心の分析であるが，経営活動の将来の姿の写像である予算の分析も行われる。また，経営活動の現在の姿を写像する日計表，月次決算書などの分析も行われる。

　現代の経営分析は，あらゆる継続的事業体の経営活動の分析として経営分析領域の拡大が行われているが，本書では，営利企業である企業の経営分析を取り扱うことにする。この企業の経営分析の理論と実践の学修は，あらゆる継続的事業体の経営分析に適用され多くの成果を上げている。

第3節　経営分析の限界

　経営者・経営管理者などの内部の関係者が経営管理目的のために行う経営分析は，自己の企業の内部からの分析である。そのため，公表される財務諸表・決算書のみでなく，必要に応じて経営内部の経営資料を入手し利用できるので，経営活動の「将来の姿」，「現在の姿」および「過去の姿」を的確に分析ができ，経営管理に有用な経営分析が可能である。

　一方，株主・投資家，債権者などの外部の利害関係者（ステークホルダー）が行う経営分析は，通常，企業が公表する財務諸表・決算書による経営分析にならざるを得ないことから次のような限界がある。

①公表される財務諸表・決算書は，経営活動の結果を会計数値で表示したものであるが，経営活動のすべてを表示したものでない。

②財務諸表・決算書は，過去の経営活動の実績であることから，過去の分析のみに留まり，経営活動の将来の予測には一定の限界がある。

③公表される財務諸表・決算書は，経営活動の会計的写像であるが，経営活動には会計数値に表示されえない経営者・従業員の能力，企画・設計力，組織力，製品開発力，企業の知名度・信用力などの定量化できない要因が存在する。経営分析は，このような定量化できない諸要因をも考慮して総合的な判断を行う必要がある。

第4節　経営分析の体系

　経営分析を行うには，その分析目的に向けて，経営分析の体系を十分に考慮して，効果的・効率的に分析を行う必要がある。経営分析は，前述の経営分析とは何かで述べたように，誰のための経営分析か（経営分析の主体），何のた

めの経営分析か（経営分析の目的），何を対象にした経営分析か（経営分析の対象），いかなる技法による経営分析か（経営分析の技法）により経営分析の体系が考えられる。

1．経営分析の体系による分類

　経営分析の主体によって体系分けすると，経営内部の利害関係者のための経営分析と経営外部の利害関係者のための経営分析に分けられる。
　①経営内部の利害関係者（経営者・経営管理者など）による経営分析は，経営計画と統制，経営意思決定と業績評価に有用な情報を得るための経営分析。
　②経営外部の利害関係者（株主・投資家，金融機関その他の債権者，取引先，国・地方自治体）による経営分析は，株主・投資家の投資意思決定に，金融機関その他の債権者の融資意思決定に，取引先の継続的取引の意思決定に，国・地方自治体の経済政策・金融政策等の政策決定や公平な課税に有用な情報を得るための経営分析の体系である。
　経営分析の目的による体系は，経営者・経営管理者の経営管理目的の経営分析，外部利害関係者の意思決定目的の経営分析，国家・地方自治体の社会秩序維持目的の経営分析の3つに分けられる。
　①経営管理目的の経営分析は，経営者・経営管理者の経営管理目的のための経営分析。
　②外部利害関係者の意思決定目的の経営分析は，外部利害関係者が各々の立場からの意思決定のための経営分析。
　③社会秩序維持目的の経営分析は，国家・地方自治体の社会秩序維持のための経営分析で，各々の目的に適合的な経営分析の体系である。
　経営分析の対象による体系は，定量的な情報を対象とする経営分析と定性的な情報を対象とする経営分析に分けられる。

①定量的な情報を対象とする経営分析は，貸借対照表，損益計算書，キャッシュ・フロー計算書，株主資本等変動計算書の財務表の4表，すなわち財務諸表を対象とする経営分析。

②定性的な情報を対象とする経営分析は，経営者や従業員の資質，製品開発力，組織力，経営戦略力，ブランド力など定量化できないが企業の維持・存続・発展に貢献する事項の経営分析に分けられる。

経営分析の技法による体系は，実数分析，比率分析，静的分析，動的分析に分けられる。

①実数分析は貨幣数値や物量数値を分析するもので，増減分析，損益分岐点分析，キャッシュ・フロー分析などがある。増減分析は2期間以上の増減関係を分析するもので，損益分岐点分析は採算点・採算関係を分析するもので，キャッシュ・フロー分析は収支の状態・収支関係などを分析するものである。

②比率分析は，構成比率分析，趨勢比率分析，関係比率分析などがある。構成比率は財務諸表の各項目が全体に対して占める割合の分析で，趨勢分析は2期間以上の数値の動向の分析で，関係比率分析は異なる系列の数値の因果関係の分析である。

③静的分析は経営活動の一定時点の状態についての分析である。

④動的分析は2期間以上の変化についての分析である。

なお，これらの分析方法による計算にあたっては，一般に貸借対照表項目（資産，負債および純資産）は前期と当期の平均数値を用い，損益計算書は当期の数値を用いて計算する。ただし，実例分析では，日本政策投資銀行『産業別財務データハンドブック』を用いることからそれに準じた計算の例示がなされている。

経営分析の体系は，以上のように分類できるが，誰が，何の目的で，何を対象に，いかなる技法を用いて分析するかにより経営分析の体系が組み合わされる。

第2章
財務諸表・有価証券報告書の読み方

第1節　財務諸表の意義と内容

1．財務諸表の意義

　財務諸表は，企業の経営活動を会計的数値を用いて認識・測定して，経営活動の内容や経営活動の結果などを写像したものである。企業活動の写像としての財務諸表は，経営活動を多面的に写像する。すなわち，資本の調達源泉と運用形態を「貸借対照表」に，経営活動の成果を「損益計算書」に写像し，純資産の変動を「株主資本等変動計算書」に，キャッシュ・フローの増減状況を「キャッシュ・フロー計算書」に写像する。これら4表により財務諸表が構成されている。

　企業は，これらの財務諸表を作成・公開することにより，多くの利害関係者の理解と信頼を得ることに努める。利害関係者は，財務諸表を通じて，各々の立場から企業に対する判断や意思決定を行うことになる。

　たとえば，経営者は，経営活動に対する意思決定の結果が財務諸表であることから，今後の経営上の判断や意思決定に重要な情報を得ることができる。投資家は，財務諸表を通じて，投資を行うか否かの投資意思決定や，すでに行っている投資の増減などの意思決定などに重要な情報を得ることができる。債権

者は，財務諸表を通じて，資金の融資を行うか否かの意思決定に重要な情報を得ることができる。取引先は，財務諸表を通じて，債権の回収可能性に関する判断をするに重要な情報を得ることができる。従業員は，財務諸表を通じて，雇用の安定性や報酬の妥当性に関する判断をするに重要な情報を得ることができる。国・地方自治体は，財務諸表を通じて，課税所得の計算，料金規制や行政指導を行うに当たり重要な情報を得ることができる。このように企業経営活動の写像である財務諸表は，企業に関する「情報の宝庫」であるといえる。

2．財務諸表の種類

　日本の企業会計での法制度会計では，「会社法」，「金融商品取引法」，「税法」という法律により財務諸表・計算書類・決算書の作成が義務づけられている。

図表2・1　制度会計の内容

	会社法	金融商品取引法	税　法
所管省庁	法務省	金融庁	財務省
会計目的	株主および債権者の保護	投資家の保護	課税の公平性
適用法人	すべての会社	上場会社など	すべての法人
作成基準 作成規則	会社法施行規則 会社計算規則 （法務省令）	財務諸表等規則 連結財務諸表規則 （内閣府令）	法人税法施行規則 法人税基本通達 租税特別措置法
会計報告書の名称	計算書類 連結計算書類	連結財務諸表 財務諸表	決算書
会計報告書の提出先	株主および 株主総会	管轄財務局 証券取引所	管轄税務署

3．財務諸表・決算書の種類

　財務諸表を株主・投資家，債権者などの利害関係者（ステークホルダー）に公開すること（ディスクロージャー）については，「会社法」や「金融証券取

引法」によって義務づけられている。企業の会計に関する法制度（制度会計）には，会社法による法制度会計と金融商品取引法による法制度会計があり，それぞれ財務諸表の公開を求めているが，両法におけるステークホルダーには若干の差異がある。すなわち，会社法は，主に株主・債権者の保護を目的とした財務諸表の公開であり，金融商品取引法は，主に一般投資家の保護を目的とした財務諸表の公開である。なお，会社法では財務諸表を「計算書類」といい，財務諸表・計算書類の体系にも相違がある。

会社法での計算書類には，貸借対照表，損益計算書，株主資本等変動計算書および個別注記表が含まれ，金融商品取引法の財務諸表には，連結貸借対照表，連結損益計算書，連結株主資本等変動計算書，連結キャッシュ・フロー計算書に連結付属明細表が含まれる。また，単体財務諸表としては，貸借対照表，損益計算書，株主資本等変動計算書，キャッシュ・フロー計算書に付属明細表が含まれる。

図表2・2　会社法の「計算書類等」と金融商品取引法の「財務諸表」の体系

定時株主総会招集通知添付書類	有価証券報告書での財務諸表
（計算書類）	（連結財務諸表）
貸借対照表	連結貸借対照表
損益計算書	連結損益計算書
株主資本等変動計算書	連結株主資本等変動計算書
個別注記表	連結キャッシュ・フロー計算書
	連結付属明細書
	（単体財務諸表）
	貸借対照表
	損益計算書
	株主資本等変動計算書
	キャッシュ・フロー計算書
	付属明細書

第2節　財務諸表の読み方

1．貸借対照表

　貸借対照表（Balance Sheet：B/S）は，企業の継続的な経営活動の一定時点における財政状態を表示する財務表である。一定時点とは，通常，決算日，四半期決算日であるが，そのほかに，開業時，精算時などが法律などで作成が義務づけられている。また，企業が自主的に1ヵ月ごとに貸借対照表を作成していれば期首から1ヵ月経過した時点で作成される。

　貸借対照表の記載方式には，勘定式と報告式がある。勘定式では，資産と負債・純資産が左右対称に表示され，右側の貸方には資本の調達源泉が，左側には資本の運用形態が表示され，両者の適合状態が表示され理解しやすい。報告式は，上から資産の部，負債の部，純資産の部と表示する方式で，2期間以上の数値を比較することが容易であり，簿記・会計知識がない人でも理解しやすい。

　資産は，企業が将来において収益を獲得する能力を有する経済的資源で，流動資産，固定資産，繰延資産に区分される。流動資産は，現金および比較的短期間に回収や販売などにより現金化ないし費用化できる資産で，当座資産，棚卸資産，その他の流動資産に分類される。固定資産は，企業が長期にわたり使用する目的で保有する資産で，有形固定資産，無形固定資産，投資その他の資産に分類される。繰延資産は，すでに代価の支払いが完了し，または支払い義務が確定し，それに対する役務の提供を受けたにもかかわらず，その役務の有する効果が次期以降において発現するものと期待される費用のことである。

　負債は，企業が負うべき経済的負担で，貨幣数値にできるもののことであり，流動負債と固定負債に分類される。負債は資産と同様に，正常営業循環基準とワンイヤー・ルールにしたがって，流動資産と固定資産に分類される。

第2章 財務諸表・有価証券報告書の読み方

図表2・3　財政状態の表示としての貸借対照表

貸借対照表
（平成×年×月×日現在）
（単位：円）

資産の区分			項目	金額	項目	金額			負債・純資産の区分
			（資産の部）		（負債の部）				
			Ⅰ　流動資産		Ⅰ　流動負債				
		当座資産	現金及び預金	××	支払手形	××			
			受取手形	××	買掛金	××	流動負債		
			売掛金	××	短期借入金	××			
			有価証券	××	未払金	××		負債	他人資本（返済が必要）
	流動資産	棚卸資産	製品及び商品	××	リース債務	××			
			仕掛品	××	未払法人税等	××			
			原材料及び貯蔵品	××	賞与引当金	××			
		その他の流動資産	短期貸付金	××	繰延税金負債	××			
			前払費用	××	その他	××			
			繰延税金資産	××					
			その他	××					
			貸倒引当金	△×	流動負債合計	×××			
			流動資産合計	×××	Ⅱ　固定負債				
			Ⅱ　固定資産		社債	××	固定負債		
			（有形固定資産）		長期借入金	××			
			建物	××	リース債務	××			
総資産		有形固定資産	構築物	××	退職給付引当金	××			総資本
			機械及び装置	××	繰延税金負債	××			
			工具，器具及び備品	××	その他	××			
			リース資産	××	固定負債合計	×××			
			土地	××	負債合計	×××			
			建設仮勘定	××	（純資産の部）				
	固定資産		その他	××	Ⅰ　株主資本				
			（無形固定資産）		資本金	××			
		無形固定資産	ソフトウェア	××	資本剰余金				
			特許権	××	資本準備金	××			
			その他	××	その他資本剰余金	××		純資産	自己資本（返済が不要）
			（投資その他の資産）		資本剰余金合計	××			
			関係会社株式	××	利益剰余金				
			投資有価証券	××	利益準備金	××			
		投資その他の資産	出資金	××	その他利益剰余金				
			長期貸付金	××	××積立金	××			
			長期前払費用	××	繰越利益剰余金	××			
			繰延税金資産	××	利益剰余金合計	××			
			その他	××	自己株式	△×			
			貸倒引当金	△×	株主資本合計	××			
			固定資産合計	×××	Ⅱ　評価・換算差額等				
	繰延資産	繰延資産	Ⅲ　繰延資産		その他有価証券評価差額金	××			
			創業費	××	評価・換算差額等合計	××			
			株式交付費	××	Ⅲ　新株予約権	××			
			繰延資産合計	×××	純資産合計	×××			
	資産合計		資産合計	×××	負債・純資産合計	×××			負債・純資産合計

　　　　　　　　　資本の運用形態　　　　　　　　　　資本の調達源泉

純資産は，資産と負債との差額で，その発生源泉を重視して，株主資本，評価・換算差額等および新株予約権に分類される。株主資本は，株主が出資した部分と内部に留保されている部分で，資本金，資本剰余金，利益剰余金，自己株式に区分表示される。評価・換算差額等は，その他有価証券評価差額金やヘッジ損益のように，資産または負債を時価で評価するが，評価差額を当期の損益計算書で認識しない場合に生じる項目である。新株予約権は，会社に対して一定期間あらかじめ定めた一定価額で株式の交付を請求できる権利である。

2．損益計算書

　損益計算書（Profit and Loss Statement：P/L）は，一定期間の企業の経営成績を表示する財務表である。損益計算書には，1年間に生じたすべての収益と，その収益を得るために費やしたすべての費用がその原因別・種類別に表示される。

　損益計算書は，経営成績の表示にあたり，企業が稼得した利益をその性質によって5つの段階に区分表示される。すなわち，第1段階の利益は，売上高から売上原価を差し引き商品や製品を販売した利益である「売上総利益」（粗利ともいう）を，第2段階の利益は，売上総利益から販売活動や一般管理活動の費用である販売費及び一般管理費を差し引き本業による利益である「営業利益」を，第3段階の利益は，営業利益に本業以外で生じた投資収益や資金調達コストを加減した企業の経営努力の成果を示す「経常利益」（経常ともいう）を，第4段階の利益は，経常利益に臨時的・偶発的に生じた特別利益，特別損失を加減して1年間に会社が稼得した利益である「税引前当期純利益」を，第5段階の利益は，税引前当期純利益から法人税，住民税及び事業税（法人税等調整額を加減）を差し引き1年間の企業の最終的な利益である「当期純利益」が表示される。

第2章　財務諸表・有価証券報告書の読み方

図表2・4　経営成績の表示としての損益計算書

損益計算の区分			損益計算書 自 平成×年×月×日 至 平成×年×月×日	
				(単位：円)
			項　目	金　額
営業損益計算	販売力		売上高	×××
	購買力・製造力		売上原価	×××
	粗　利		売上総利益	×××
	販売力・管理力		販売費及び一般管理費	×××
	本業による利益（営業力）		営業利益	××
経常損益計算	経常的・反復的損益	財務力・資金運用力	営業外収益	
		資金運用益	受取利息	××
			受取配当金	××
			雑収入	××
			営業外収益合計	××
		資金運用費用	営業外費用	
			支払利息	××
			手形譲渡損	××
			雑支出	××
			営業外費用合計	××
	経常的利益（収益力）		経常利益	××
純損益計算	非経常的・非反復的損益	臨時的・偶発的利益	特別利益	
			固定資産売却益	××
			投資有価証券売却益	××
			前期損益修正益	××
			特別利益合計	××
		臨時的・偶発的損失	特別損失	
			固定資産売却損	××
			減損損失	××
			災害による損失	××
			特別損失合計	××
税金控除前利益			税引前当期純利益	××
税金コストの控除			法人税，住民税及び事業税	××
			法人税等調整額	××
税金控除後利益			当期純利益	××

3．キャッシュ・フロー計算書

　キャッシュ・フロー計算書（Cash Flow Statement：C/S）は，企業の1事業年度の経営活動にともなう資金の収入（キャッシュ・インフロー）および支出（キャッシュ・アウトフロー）の状況を表示する財務表である。キャッシュ・フロー計算書は，損益計算書での「発生主義による利益」と会計方針やその変更に影響されにくい「キャッシュの増減」を用いて企業の経営活動の実態をより正確に理解させるものである。

　キャッシュ・フロー計算書は，企業の主要な3つの経営活動である「営業活動によるキャッシュ・フロー」，「投資活動によるキャッシュ・フロー」，「財務活動によるキャッシュ・フロー」に分けて表示し，差額としての正味のキャッシュ・フローを計算・表示する。

　営業活動によるキャッシュ・フローとは，購買，製造，販売，総務などの本業のキャッシュ・フローによる現金創出能力を表示する。営業活動によるキャッシュ・フローでは，新規投資や営業能力維持のための維持投資に必要な資金が賄えるか，外部からの資金調達なしで借入金の返済や配当が可能か示される。

　投資活動によるキャッシュ・フローとは，企業の営業能力を維持・拡大するための設備投資，資金運用を目的とした金融商品への投資，長期・短期貸付金など第三者に対する融資に関するキャッシュ・フローを表示する。投資活動によるキャッシュ・フローでは，将来の営業利益やキャッシュ・フローを生み出すための投資は十分であるか，資産売却の内容や価額は適切か等表示する。

　財務活動によるキャッシュ・フローとは，企業の経営に必要な資金調達（短期・長期借入，社債発行，株式発行）や株主に対する配当金の分配に関連する活動を表示する。財務活動によるキャッシュ・フローでは，営業活動によって生じた資金の過不足がどのように調達されたかを表示する。

　キャッシュ・フロー計算書の作成方法には，直接法と間接法がある。直接法

は，売上などの営業収入，原材料・商品の仕入れなどの営業支出など，営業活動によるキャッシュ・フローを主要な取引ごとに総額で表示する方法である。間接法は，損益計算書の税引前当期純利益（または税引前当期純損失）に減価償却費などの調整項目を加減して営業活動によるキャッシュ・フローを表示する方法である。直接法と間接法のいずれを採用しても営業活動によるキャッシュ・フローの増減額は同じである。また，投資活動によるキャッシュ・フローと財務活動によるキャッシュ・フローは直接法と間接法ともに同じく表示される。

図表2・5　キャッシュ・フロー計算書の内容

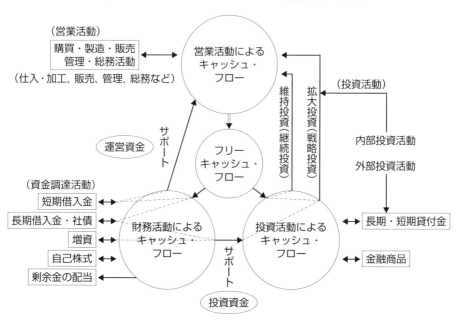

図表2・6　資金の状況表示としてのキャッシュ・フロー計算書

キャッシュ・フロー計算書 自 平成×年×月×日 至 平成×年×月×日	（間接法） （単位：円）
Ⅰ　営業活動によるキャッシュ・フロー	××
当期純利益	××
減価償却費	××
諸引当金の減少額	△××
受取手形の増加額	△××
売掛金の増加額	△××
棚卸資産の増加額	△××
その他の流動資産の増加額	△××
支払手形の減少額	△××
買掛金の減少額	△××
前受金の減少額	△××
その他の流動負債の増加額	××
小計	×××
利息及び配当金の受取額	×××
利息の支払額	△××
法人税等の支払	△××
営業活動によるキャッシュ・フロー	××
Ⅱ　投資活動によるキャッシュ・フロー	
有価証券の売却額	××
短期貸付金の回収額	××
減価償却資産の増加額	△××
建設仮勘定の増加額	△××
無形固定資産の増加額	△××
長期貸付金の貸付額	△××
繰延資産の減少額	××
投資活動によるキャッシュ・フロー	××
Ⅲ　財務活動によるキャッシュ・フロー	
短期借入金の減少額	△××
長期借入金の増加額	××
社債の増加額	××
剰余金の配当の支払	△××
財務活動によるキャッシュ・フロー	××
Ⅳ　キャッシュ・フローの増加・減少額	××
Ⅴ　キャッシュ・フローの期首残高	×××
Ⅵ　キャッシュ・フローの期末残高	×××

（注）「営業活動によるキャッシュ・フロー」以外は直接法と同じ

第2章 財務諸表・有価証券報告書の読み方

キャッシュ・フロー計算書	（直接法）
自 平成×年×月×日	
至 平成×年×月×日	（単位：円）
Ⅰ 営業活動によるキャッシュ・フロー	
営業収入	××
原材料又は商品の仕入支出	△××
人件費支出	△××
その他の営業支出	△××
小計	××
利息及び配当金の受取額	××
利息の支払額	△××
損害賠償金の支払額	△××
前払費用	△××
未収金の増加額	△××
預り金の増加額	××
法人税等の支払額	△××
営業活動によるキャッシュ・フロー	××
Ⅱ 投資活動によるキャッシュ・フロー	
有価証券の売却額	××
短期貸付金の回収額	××
減価償却資産の増加額	△××
建設仮勘定の増加額	△××
無形固定資産の増加額	△××
長期貸付金の貸付額	△××
繰延資産の減少額	××
投資活動によるキャッシュ・フロー	××
Ⅲ 財務活動によるキャッシュ・フロー	
短期借入金の減少額	△××
長期借入金の増加額	××
社債の増加額	××
剰余金の配当の支払	△××
財務活動によるキャッシュ・フロー	××
Ⅳ キャッシュ・フローの増加・減少額	××
Ⅴ キャッシュ・フローの期首残高	×××
Ⅵ キャッシュ・フローの期末残高	×××

（注）「営業活動によるキャッシュ・フロー」以外は間接法と同じ

4．株主資本等変動計算書

　株主資本等変動計算書は，会社法の施行により利益処分の方法が大きく変わり，それにより企業に作成が義務づけられた財務表である。すなわち，会社法の施行により，株式会社は株主総会または取締役会の決議によって，剰余金の配当をいつでも決定できるようになり，純資産の変動を要因ごとに詳しく表示することが必要になり，株主資本等変動計算書が作成されることとなった。株主資本等変動計算書は，前期末から当期末までの純資産の増減を表す明細書で，資本金や資本準備金，剰余金などの増減を株主に伝達することが目的である。株主や投資家は，配当や自己株式の取得など株主への配分の状況が把握しやすくなった。また，株主資本等変動計算書は，純資産の変動明細書であることから，貸借対照表と一対として捉えると理解しやすくなる。

図表2・7　純資産の変動状況を表示する株主資本等変動計算書

	株主資本					評価・換算差額等				新株予約権	少数株主持分	純資産合計
	資本金	資本剰余金	利益剰余金	自己株式	株主資本合計	その他有価証券評価差額金	繰延ヘッジ損益	為替換算調整勘定	評価・換算差額等合計			
前期末残高	×××	×××	×××	△×××	×××	×××	×××	×××	×××	×××	×××	×××
当期変動額												
新株の発行	×××	×××			×××							×××
剰余金の配当			△×××		△×××							△×××
当期純利益			×××		×××							×××
××××××												
自己株式の処分				×××	×××							×××
その他			×××		×××							×××
株主資本以外の項目の当期変動額(純額)						×××	×××	×××	×××	△×××	×××	×××
当期変動額合計	×××	×××	×××	×××	×××	×××	×××	×××	×××	△×××	×××	×××
当期末残高	×××	×××	×××	△×××	×××	×××	×××	×××	×××	×××	×××	×××

第3節　有価証券報告書の意義と内容

　有価証券報告書は，金融商品取引法の規定により，上場会社や店頭登録会社などが，株主総会終了後，かつ決算期後3ヵ月以内に内閣総理大臣に提出することが義務づけられている書類である。有価証券報告書には，図表2・8のように，企業の概況，事業・設備・提出会社・経理の状況，提出会社の株式事務の概要，提出会社の参考資料が記載されている。

　経営分析の基本データである財務諸表では，2連結事業年度（当連結事業年度と前連結事業年度）の連結貸借対照表，連結損益計算書，連結株主資本等変動計算書，連結キャッシュ・フロー計算書と当連結年度の連結付属明細書，2事業年度（当事業年度と前事業年度）の貸借対照表，損益計算書，キャッシュ・フロー計算書（連結財務諸表を作成していない場合），株主資本等変動計算書と当事業年度の付属明細表が記載される。また，損益計算書の付表として事業年度分の製造原価計算書も記載されている。

　また，経営分析にかかわる事項として，①企業の概要では，主要な経営指標等の推移（連結・個別の5年間の経営指標の推移），従業員の人数や平均年齢などが，②事業の状況では，グループ全体とセグメント業績や会社代表者による財政状態・経営成績などが，③設備の状況では，設備投資計画の内容・金額増加能力などが，④提出会社の状況では，株式・自己株式の状況，株価の推移，役員報酬・監査報酬などが記載されている。

　なお，有価証券報告書提出会社は，各四半期ごとに四半期報告書を提出する。さらに臨時報告書や有価証券届出書を提出することもある。このように有価証券報告書は，あらゆる企業の経営活動を表示していることから，企業の経営活動に関する経営者・経営管理者の意思決定や業績に関する「情報の宝庫」であるといえる。

図表2・8　有価証券報告書の内容：連結財務諸表提出会社

第一部　企業情報
　第1　企業の概況
　　1. 主要な経営指標等の推移→連結・個別の5年間の経営指標がわかります
　　2. 沿革→会社の歴史がわかります
　　3. 事業の内容→グループにおける各社事業の位置づけ，事業内容などがわかります
　　4. 関係会社の状況→関係会社ごとに提出会社との関係内容などがわかります
　　5. 従業員の状況→事業種類ごとの従業員数や平均年齢などがわかります
　第2　事業の状況
　　1. 業績等の概要→グループ全体とそのセグメントの業績，キャッシュ・フローの概要がわかります
　　2. 生産，受注及び販売の状況→事業部門ごとに状況をつかめます
　　3. 対処すべき課題→最近の連結会社の事業上・財務上，対処すべき課題と対処方針がわかります
　　4. 事業等のリスク→投資者の判断に重要な影響を及ぼす可能性のある事項がわかります
　　5. 経営上の重要な契約等→合併・営業譲渡・技術提携などがわかります
　　6. 研究開発活動→研究開発活動の目的・課題・成果・体制・研究開発費金額などがわかります
　　7. 財政状態及び経営成績の分析→会社代表者による財政状態・経営成績の分析です
　第3　設備の状況
　　1. 設備投資等の概要→設備投資の目的・内容・投資金額などがセグメントに関連付けてわかります
　　2. 主要な設備の状況→主な会社別に土地などの投資金額がわかります
　　3. 設備の新設・除却等の計画→計画されている設備投資の内容・金額増加能力などがわかります
　第4　提出会社の状況
　　1. 株式等の状況→5年間の発行済株式総数や資金調達などの状況がわかります
　　2. 自己株式の取得等の状況→定時総会での決議状況，取得状況などがわかります
　　3. 配当政策→配当の基本方針，最近の配当決定の考え方，内部留保資金の使途などがわかります
　　4. 株価の推移→5期間の最高・最低株価などがわかります
　　5. 役員の状況→取締役・監査役の略歴や所有株式数などがわかります
　　6. コーポレート・ガバナンスの状況→コーポレート・ガバナンスに関する施策の状況，役員報酬，監査報酬がわかります
　第5　経理の状況
　　1. 連結財務諸表等→最近2連結年度の連結財務諸表などが掲載されています
　　2. 財務諸表等→最近2事業年度の財務諸表などが掲載されています
　第6　提出会社の株式事務の概要→基準日や株主に対する特典などがわかります
　第7　提出会社の参考情報→臨時報告書・定性報告書等の提出状況がわかります
第二部　提出会社の保証会社等の情報

出所：石崎忠司『エッセンシャル経営分析』同文舘出版，2011年，pp.132-133を修正・加筆。

第4節　経営分析報告書の内容と作成

　経営分析報告書は，その経営分析の依頼者に対して経営分析の結果を伝える報告書である。経営分析の依頼者は，株主・投資家，債権者，従業員・労働組合，行政機関などの外部利害関係者などが中心であるが，経営者，経営管理者などの内部利害関係者が全社的あるいは特定部門・特定分野の経営分析を専門家（経営コンサルタントや証券アナリストなど）に依頼する場合もある。

　経営分析の依頼内容は，①収益性を中心とした投資意思決定のための経営分析，②安全性を中心とした融資意思決定のための経営分析，③成長性・労働生産性を中心とした給料支払い能力や継続的雇用を見極めるための経営分析，④経営管理のための経営分析など多様である。したがって，経営分析報告書は，依頼者の要求に応じて経営分析を行い，数値のみでなく，図表化したりして依頼者の理解しやすい報告書の作成が必要である。

　また，経営分析は，経営活動の写像としての財務諸表が分析の中心であるが，財務数値に表れない非財務的な要素を含めた経営分析が求められている。とくに，経営分析においては，会計は経営活動の将来・現在・過去の写像であることから財務数値に影響を与える次のような非財務的な事項も踏まえた経営分析が求められる。

① 　企業の経営者の現代社会の動向の認識，経済動向・市場動向の認識，業界動向の認識，顧客動向の認識等が適正であるか否か確認したうえでの経営分析であること。
② 　企業の経営理念，経営目的，経営戦略（購買戦略・人的資源戦略・マーケティング戦略，財務戦略，研究開発戦略，組織戦略，財務戦略，投資戦略など）が適正であるか否かを確認したうえでの経営分析であること。
③ 　役員（代表取締役社長，常務取締役，常勤・非常勤監査役など），従業員などの勤務状況が適正であるか否かを確認したうえでの経営分析である

こと
④ 内部統制制度，コーポレート・ガバナンスの状況が適正であるか否かを確認したうえでの経営分析であること。
⑤ CSR報告書，環境報告書など社会的貢献が適正に行われているか否かの確認をしたうえでの経営分析であること。

経営分析報告書の様式は一様ではないが，1つの雛形を示すと次のようになる。

図表2・9　経営分析報告書の雛形

青森商事株式会社の経営分析報告書

Ⅰ　企業の時代認識，環境認識
　1　経済環境の認識（世界経済・アジア経済・日本経済・東北経済・青森経済環境の認識）
　2　業界動向の認識（世界の業界・アジアの業界・日本の業界・東北の業界・青森の業界の動向と認識）
　3　コメント
Ⅱ　企業の現状
　1　社史・組織・経営者・株主・取引銀行
　2　経営理念と行動規範，経営目的
　3　経営戦略（購買戦略，人事戦略，販売戦略，財務戦略，研究・開発戦略・組織戦略・設備投資戦略など）
　4　主要経営指標の推移（連結・個別）
　5　役員（取締役・監査役）・従業員の状況
　6　コーポレート・ガバナンスの状況
　7　コメント
Ⅲ　要約財務諸表
　1　要約連結・個別貸借対照表，要約連結・個別損益計算書，要約連結・個別キャッシュ・フロー計算書
　2　コメント
Ⅳ　分析結果（図表化可能なものは図表を入れ可視化）
　1　定量的分析
　　①成長性分析
　　②収益性分析
　　③生産性分析
　　④安全性分析
　　⑤コメント
　2　定性的分析
　　①CSR（社会的責任・貢献など）
　　②環境保全（環境投資・環境保全など）
　　③コメント
Ⅴ　総合評価
　1　レーダー・チャート
　2　コメント
Ⅵ　総合コメント

第3章 安全性の分析

第1節　安全性分析の意義

　継続的事業体としての企業が文字どおり「継続」して存続していくためには，債務の弁済能力が備わっていること，および財務内容が健全であることが必要である。安全性分析は，企業の主に債務弁済能力や財務健全性を示す指標を算出して，債務不履行の危険性の程度を判断・評価するために行われる。

　財務諸表分析を，それを行う立場から，企業内部の経営管理者が行う「内部分析」と，企業外部の利害関係者が行う「外部分析」に分類するならば，安全性分析は「外部分析」に位置づけられる。すなわち，取引先や金融機関にとっては販売先や融資先としての適否を判断するための「信用分析」として，また，投資家にとっては投資決定の判断材料とするための「投資分析」として行われる。また，安全性分析は，財務諸表から指標の算出に必要な勘定科目の金額を抜き出して，それらの比率で分析する「関係比率法」で分析する。

　安全性分析には，短期の安全性分析と長期の安全性分析がある。さらに，財務健全性確保の観点から安全性に関わる分析として資金運用効率の分析がある。この分析は企業が資本をどれだけ効率的に運用できているかの分析であり，安全性のみならず収益性にも関係する分析であるものの，安全性分析の1つとして本章で扱う。

第2節　短期の安全性分析

1．短期の安全性分析の意義

　短期の安全性分析は，主に流動資産と流動負債の項目に着目して企業の短期的な弁済能力を評価する。そこで，まず，貸借対照表の資産・負債の部の区分と流動・固定項目の分類方法について整理しておく。

　貸借対照表の資産の部は流動資産，固定資産，繰延資産に，負債の部は流動資産と固定負債にそれぞれ区分される。

　資産の部と負債の部の流動・固定項目の分類は，「正常営業循環基準」と「1年基準」（ワン・イヤー・ルール）によって行われる。「正常営業循環基準」は，通常の営業サイクルの過程で現金化，収益・費用化される資産・負債を流動項目に分類する基準であり，この基準で流動項目に分類されなかった資産・負債は「1年基準」で判定される。「1年基準」は，決算日の翌日から1年以内に履行期日の到来する資産・負債を流動項目に分類する基準であり，この基準で流動項目に分類されなかった資産・負債は固定項目になる。

　このようにして分類された流動資産は，短期間に現金化されることから短期の支払手段とみなすことができ，流動負債は短期間内に返済義務の到来する負債ということになる。

　本節では短期の安全性分析に用いられる指標として，流動比率，当座比率，手元流動性比率，インタレスト・カバレッジ・レシオ，経常収支比率を取り上げる。

2．流動比率

（1）流動比率の意義

　流動比率は企業の短期的な債務弁済能力を評価するための指標であり，流動

資産を流動負債で除して算出する。なお，流動資産から流動負債を控除した差額，すなわち流動的な資本（資金）の正味額を「正味運転資本」あるいは「正味運転資金」といい，実額で企業の短期的な余裕資金を示す。

貸借対照表の流動資産，流動負債の位置関係を示したのが図表3・1である。

流動比率は，流動資産が流動負債よりも多いほど，すなわち支払期限の迫った負債を上回る十分な短期の支払手段があるほど比率は高くなり，安全性は高いことになる。この比率は流動資産と流動負債のバランスを比率で示しているため，流動資産と流動負債の金額の大小から視覚的にも判断しやすい。なお，流動比率が100％を超えている場合は，流動資産の一部が固定負債や純資産を原資としていることを意味する。

流動比率の歴史は古く，19世紀後半のアメリカ銀行業界において，融資先の「信用分析」のために用いられていたことから銀行家比率とも呼ばれている。当時，流動比率は200％以上あることが望ましいとされていたことから「2対1の原則」とも表現される。これは，仮に融資先の企業が倒産しても，流動負債の2倍の流動資産があれば，在庫を帳簿価額の半額で処分しても流動負債を返済できるであろうと考えられたからである。しかし，今日のわが国では流動比率が200％以上の企業は少なく，過去10年間の全産業平均はおおよそ120％から140％を推移している。

企業の資産構成は業種によって異なることから，流動比率も業種によって異

図表3・1　貸借対照表の構成図（流動比率）

貸借対照表
（平成〇年〇月〇日）

流動資産	流動負債
固定資産	固定負債
繰延資産	純資産

なる。たとえば、原材料や製品などの棚卸資産の多い業種ではこの比率が高い傾向がある一方で、固定資産の割合が高い電気業やガス業などでは低い傾向がある。そのため分析にあたっては、分析対象企業が属する業種の平均値との比較や、分析対象企業を複数期間にわたって分析する相対評価が一般的である。

流動比率が高いほど安全性が高いことにはなるものの、高すぎると資金を効率的に運用できていない可能性が生じる。そのため、業種平均程度であれば良好であるといわれている。

（2）流動比率の計算式

流動比率の計算式は、（1）式のとおりである。

$$流動比率(\%) = \frac{流動資産}{流動負債} \times 100 \quad\quad\quad (1)$$

分子の流動資産は、①現金預金、受取手形、売掛金、売買目的有価証券など換金性の高い当座資産、②商品、製品、半製品、仕掛品、原材料など実地棚卸をすべき棚卸資産と、③当座資産にも棚卸資産にも該当しない短期貸付金、未収金、前渡金などのその他の流動資産から構成される。

したがって、流動資産は次の等式で示される。

$$流動資産＝当座資産＋棚卸資産＋その他の流動資産$$

分母の流動負債には、支払手形、買掛金、短期借入金、前受金などがある。また、割引手形や裏書手形がある場合、貸借対照表上の記載方法は、原則として①受取手形には割引手形や裏書手形を控除した金額を記載して、注記に「受取手形割引高」、「受取手形裏書譲渡高」を付記する方法が採られるものの、②受取手形には割引手形や裏書手形を控除しない金額を記載して、流動負債に割引手形や裏書手形を計上する方法も認められている。②の会計処理方法を採用している場合に貸借対照表の流動資産と流動負債の金額をそのまま用いて流動比率を計算すると、①よりも割引手形の金額だけ流動資産と流動負債の金額

が大きくなるため①とは異なる流動比率が算出される。

　実際に流動比率を算出する際には，貸借対照表の注記に記載されている割引手形と裏書手形を，加算して計算する方式と加算しないで計算する方式とが用いられる。しかし，同一企業の同一年度の貸借対照表であっても，会計処理方法（表示方法）に起因する計算方式の違いによって異なる数値の指標が算出される。したがって，比較のために指標を算出する際には，計算方式をどちらかに統一することによって比較可能性を確保しなければならない。

（3）流動比率の実例分析

　実例分析では，三浦工業(株)の連結財務諸表から各比率を計算し，日本政策投資銀行『産業別財務データハンドブック』における全産業平均，製造業平均，製造業のうち三浦工業(株)が属するその他の機械器具平均および非製造業平均の指標を比較して説明する。なお，計算にあたっては，これ以降の計算も含めて，小数点以下第3位を四捨五入する。また，各勘定科目の表示単位未満の端数処理や，引用している『産業別財務データハンドブック』のデータの性質等のため多少の差が生じている場合がある。

　三浦工業(株)の平成25年度（平成26年3月期）における流動比率を計算すると次のようになる。

$$流動比率 = \frac{70,391（百万円）}{22,503（百万円）} \times 100 = 312.81\%$$

　また，過去4年間の流動比率の推移を示したものが図表3・2である。

　わが国企業の流動比率についてみると，全産業平均は140％前後を推移しており，平成22年度の137.34％から平成23年度の136.02％に悪化したあとは平成25年度まで改善傾向にある。製造業平均は150％前後，非製造業平均は120％強を推移しており，全産業平均と同じような年度ごとの推移を示している。平成23年度に悪化しているのは東日本大震災の影響であると推測される。その他の機械器具平均は毎年徐々に改善されている。しかも製造業平均に対して相対的

図表3・2　流動比率（連結）

(%)

産業＼年	平成22年度	平成23年度	平成24年度	平成25年度
全産業平均	137.34	136.02	137.96	141.50
製造業平均	147.42	145.72	147.21	151.97
その他の機械器具平均	212.25	216.22	225.68	227.20
三浦工業(株)	360.31	321.01	321.87	312.81
非製造業平均	122.96	122.29	125.61	127.77

に高く，いずれの年度も200％を超える比率を示している。

　三浦工業(株)の流動比率は320％前後を推移しており，流動性比率の視点からは安全性の高い企業と判断できる一方で，業種平均よりもかなり高いことから資金の効率的運用の視点からは改善の余地があると考えられる。これにはさらなる分析・検討が必要である。

3．当座比率

（1）当座比率の意義

　当座比率は流動比率とともに企業の短期的な債務弁済能力を判断する指標であり，流動比率の補完的な指標に位置づけられる。この比率は，流動資産の中でも換金性の高い当座資産に限定して流動負債との比率を示していることから，流動比率よりも「厳しい検査」（the acid test）で債務弁済能力を判断することになる。そのため当座比率は「酸性試験比率」（acid test ratio）とも呼ばれている。

　当座比率は当座資産を流動負債で除して算出する。貸借対照表の当座資産，流動負債の位置関係を示したのが図表3・3である。

　当座比率は100％以上の場合に短期的な債務弁済能力は良好と判断されることから「1対1の原則」とも表現される。この比率が100％以上であるために

図表3・3　貸借対照表の構成図（当座比率）

（平成○年○月○日）

流動資産	当座資産	流動負債
	棚卸資産	固定負債
	その他流動資産	
固定資産		純資産
繰延資産		

は，短期間内に返済義務の到来する流動負債を上回る当座資産を保有している必要があり，言い換えると，流動負債を資金源泉として棚卸資産や固定資産に充当すべきではないことになる。

（2）当座比率の計算式

当座比率の計算式は，（2）式のとおりである。

$$当座比率(\%) = \frac{当座資産}{流動負債} \times 100 \quad\quad (2)$$

分子の当座資産の金額を求める際には，受取手形や売掛金の売上債権に対して設定された貸倒引当金は控除する。なお，売上債権に対して設定された貸倒引当金と，売上債権以外のその他の流動資産に含まれる金銭債権に対して設定された貸倒引当金とが一括して記載されている（貸倒引当金の表示について一括間接控除法を採用している）場合には，売上債権に対して貸倒引当金がどれだけ設定されているか不明である。そのため，この場合の当座資産の計算にあたっては貸倒引当金を控除しないのが適切である。

（3）当座比率の実例分析

三浦工業(株)の平成25年度（平成26年3月期）における当座比率を計算する

と次のようになる。当座資産には，現金及び預金，受取手形及び売掛金，有価証券があり，リース投資資産を除いている。なお，貸倒引当金は売上債権に対してどれだけ設定されているか不明であるものの，業種平均との比較可能性確保のために控除している。

$$当座資産 = 16,738(百万円) + 23,993(百万円) + 13,374(百万円) - 56(百万円) = 54,049(百万円)$$

$$当座比率 = \frac{54,049(百万円)}{22,503(百万円)} \times 100 = 240.19\%$$

過去4年間の当座比率の推移を示したものが図表3・4である。なお，業種別の当座比率は，『産業別財務データハンドブック』の当座資産の金額を用いて流動負債で除している。わが国企業の当座比率についてみると，全産業平均は90％前後を推移しており，平成22年度の90.44％から平成23年度の89.00％と悪化したあとは改善傾向にある。製造業平均は95％前後，非製造業平均は85％前後を推移している。その他の機械器具平均は150％前後を推移しており，製造業平均よりも相対的に高い比率を示している。

三浦工業(株)の当座比率は毎年悪化傾向にある。しかし，いずれの年度も200％を超えていることから，短期的な債務弁済能力は良好であると判断できる。

図表3・4　当座比率（連結）

(％)

産業＼年	平成22年度	平成23年度	平成24年度	平成25年度
全産業平均	90.44	89.00	90.07	93.71
製造業平均	95.11	92.52	94.24	99.10
その他の機械器具平均	145.47	145.31	152.51	155.01
三浦工業(株)	271.55	246.84	244.43	239.92
非製造業平均	83.76	84.03	84.50	86.65

4．手元流動性比率

（1） 手元流動性比率の意義

　当座資産のなかでも，現金預金と売買目的有価証券は換金性の極めて高い資産である。これらの合計金額は，いつでも利用可能な手元にある資金という意味で手元流動性と呼ばれている。

　手元流動性比率（現預金月商比率）は，手元流動性の金額が1ヵ月当たりの売上高の何ヵ月分にあたるかという短期的な支払いの余裕度を示し，手元流動性を月次売上高で除して算出する。なお，ここでは単位を「ヵ月」としているものの，手元流動性が月次売上高の何倍かを示すことから「倍」を用いることもある。

　手元流動性比率が高いほど短期的な支払余裕度が優れていることになるものの，高すぎる場合は資金の効率的な運用ができていない可能性がある。

（2） 手元流動性比率の計算式

　手元流動性比率の計算式は，（3）式のとおりである。

$$手元流動性比率（ヵ月）＝\frac{手元流動性}{売上高÷12} \qquad (3)$$

　分子の手元流動性の金額には，現金預金，売買目的有価証券および満期まで1年未満の満期保有目的有価証券が含まれる。

　分母は年間売上高を12（ヵ月）で除した月次売上高を使用する他に，年間売上高を365（日）で除した日次売上高を使用して支払余裕度を算出することもできる。

（3） 手元流動性比率の実例分析

　三浦工業(株)の平成25年度（平成26年3月期）における手元流動性比率を計算すると次のようになる。手元流動性には現金及び預金と有価証券があり，分

母は売上高を12で除して算出している。

$$手元流動性 = 16,738(百万円) + 13,374(百万円) = 30,112(百万円)$$

$$手元流動性比率 = \frac{30,112(百万円)}{85,535(百万円) \div 12} = 4.22 ヵ月$$

過去4年間の手元流動性比率の推移を示したものが図表3・5である。

なお，業種別の手元流動性は，『産業別財務データハンドブック』の「現預金・有価証券等」の金額を用いている。

わが国企業の手元流動性比率についてみると，全産業平均は1.6ヵ月前後を推移している。製造業平均は1.7ヵ月前後，非製造業平均は1.5ヵ月前後であるから製造業の方が非製造業よりも短期的な支払いの余裕度は若干良好である。その他の機械器具平均は製造業平均よりもかなり高い比率を示している。

三浦工業(株)の手元流動性比率は，平成24年度を除いては4ヵ月を超える水準で推移しており，3ヵ月分から4ヵ月分の売上高に相当する手元流動性を確保していることから短期的な支払いの余裕度は良好であると判断できる。

図表3・5　手元流動性比率（連結）

(月)

産業＼年	平成22年度	平成23年度	平成24年度	平成25年度
全産業平均	1.62	1.54	1.64	1.64
製造業平均	1.73	1.64	1.66	1.72
その他の機械器具平均	3.78	3.43	3.93	3.70
三浦工業(株)	4.44	4.21	3.82	4.22
非製造業平均	1.46	1.41	1.61	1.55

5．インタレスト・カバレッジ・レシオ

（1）インタレスト・カバレッジ・レシオの意義

企業の債務弁済能力を判断する際には，元本の返済に先立って利息の支払い

第3章　安全性の分析

が支払期日に滞りなく行われていることが前提となる。流動比率や当座比率は資産と負債のバランスから債務弁済能力を判断するものの，利息の支払いは，通常，事業収益を財源とするのであって資産を処分して行うわけではない。そのため，支払利息などの金融費用を支払うのに十分な事業収益が生じているかが重要となり，これを評価する指標がインタレスト・カバレッジ・レシオである。

インタレスト・カバレッジ・レシオが1倍未満の場合は，事業収益で金融費用を賄えないことを意味する。したがって，この比率は1倍以上であることが1つの基準となる。

（2）インタレスト・カバレッジ・レシオの計算式

インスタント・カバレッジ・レシオの計算式は，（4）式のとおりである。

$$\text{インタレスト・カバレッジ・レシオ(倍)} = \frac{\text{営業利益}+\text{受取利息}+\text{配当金}}{\text{支払利息}\cdot\text{社債利息}} \quad (4)$$

分子は事業利益であり，連結財務諸表を分析する際には持分法投資利益を加算する。

分母は金融費用であり，手形売却損や売上割引のような利息の性質を有するものも含める。

（3）インタレスト・カバレッジ・レシオの実例分析

三浦工業(株)の平成25年度（平成26年3月期）におけるインタレスト・カバレッジ・レシオは計算不能である。これは，連結損益計算書の支払利息がゼロであり，他の金融費用も掲載されていないため（4）式の分母がゼロになるからである。なお，同様の理由により，三浦工業(株)のインタレスト・カバレッジ・レシオは平成19年度以降計算不能である。

そこで，ここでは過去4年間の業種別のインタレスト・カバレッジ・レシオの推移について，図表3・6をもとにみていく。なお，業種別のインタレスト・

図表 3・6　インタレスト・カバレッジ・レシオ（連結）

(倍)

産業　　　　　　年	平成22年	平成23年	平成24年	平成25年
全産業平均	11.56	10.37	11.03	13.61
製造業平均	16.53	14.57	15.54	21.84
その他の機械器具平均	22.75	20.84	15.67	24.80
三浦工業（株）	—	—	—	—
非製造業平均	8.18	7.44	7.93	8.69

カバレッジ・レシオの算出にあたっては，分子は『産業別財務データハンドブック』の「営業損益」，「受取利息・配当金」の合計金額を，分母は「支払利息・割引料」の金額を用いている。いずれも連結の数値であるものの，持分法投資利益は未掲載のため分子に含んでいない。

わが国企業のインタレスト・カバレッジ・レシオについてみると，全産業平均は11倍前後を推移している。製造業平均は15倍前後，非製造業平均は8倍前後であるから，製造業の方が非製造業よりも金融費用の支払い余裕度は良好である。その他の機械器具平均は製造業平均よりも高い比率を示している。

6．経常収支比率

（1）経常収支比率の意義

企業の収入と支出には，毎期経常的に発生する経常収入・経常支出と臨時的に発生する経常外収入・経常外支出があり，経常収入が経常支出を上回っている限り，資金繰りは安定しているといえる。なお，経常収入から経常支出を控除したものを「経常収支」という。

経常収支比率は，経常的に発生する経常収入と経常支出の資金収支のバランスから安全性を判断する指標である。この比率は100％を超えていることが望ましく，100％未満の場合は債務不履行のおそれがあると判断される。

（2）経常収支比率の計算式

経常収支比率の計算式は，（5）式のとおりである。

$$経常収支比率(\%) = \frac{経常収入}{経常支出} \times 100 \qquad (5)$$

分子の経常収入は，営業収入と営業外収益の合計である。営業収入は，売上高から売上債権，未収入金，未収収益の各増加額を控除し，前受金，前受収益の各増加額を加算する。

分母の経常支出は，営業支出と営業外費用の合計である。営業支出は，売上原価と販売費及び一般管理費の合計額から仕入債務，未払金，未払費用の各増加額を控除し，棚卸資産，前渡金，前払費用の各増加額を加算する。また，減価償却費や引当金などの非資金費用も控除する。

（3）経常収支比率の実例分析

三浦工業㈱の平成25年度（平成26年3月期）における経常収支比率を計算すると次のようになる。

経常収入は①売上高から②売上債権の増加額を控除して③営業外収益を加算している。経常支出は④売上原価，⑤販売費及び一般管理費の合計額から⑥仕入債務の増加額を控除，⑦棚卸資産の増加額を加算，⑧減価償却費，⑨各種引当金増加額の合計金額を控除し，⑩営業外費用を加算している。なお，経常収入・経常支出の算出にあたっては連結キャッシュフロー計算書の数値を用いており，本来考慮すべきであるものの掲載されていない科目は含んでいない。掲載されていない理由は，金額がゼロであるか，重要性が乏しいため「その他」に合算集計されているかである。

経常収入 ＝ ①85,535（百万円）－②1,426（百万円）＋③1,392（百万円）
　　　　　＝ 85,501（百万円）
経常支出 ＝ ④49,939（百万円）＋⑤26,630（百万円）－⑥（－47）（百万円）

$$+ ⑦805(百万円) - ⑧2,192(百万円) - ⑨668(百万円)$$
$$+ ⑩59(百万円) = 74,620(百万円)$$

$$経常収支比率 = \frac{85,501(百万円)}{74,620(百万円)} \times 100 = 114.58\%$$

　過去4年間の業種別の経常収支比率の算出にあたっては，三浦工業(株)の経常収支比率の計算に用いた科目のみを用いて推移を示す。これは『産業別財務データハンドブック』には考慮すべき科目すべてが掲載されていないものの，三浦工業(株)の経常収支比率の算出に用いた科目は掲載されているからである。

　業種別の経常収支比率の推移を示したのが図表3・7である。

　わが国企業の経常収支比率についてみると，業種によって大きな差はないことが読み取れる。全産業平均，製造業平均，非製造業平均はともに111％前後を推移しており，平成23年度の比率が他の年度に比べて若干悪化しているものの，100％を超えていることから資金収支は良好であると判断できる。その他の機械器具平均は，わずかではあるものの製造業平均よりも高い比率を示している。

　三浦工業(株)の経常収支比率も平成23年度は悪化しているものの，その後は115％弱まで改善しており，資金収支は良好であると判断できる。

図表3・7　経常収支比率（連結）

(%)

産業＼年	平成22年度	平成23年度	平成24年度	平成25年度
全産業平均	111.55	109.19	110.01	111.08
製造業平均	113.47	111.48	109.32	111.70
その他の機械器具平均	118.91	111.94	109.99	113.07
三浦工業(株)	111.31	110.38	114.97	114.58
非製造業平均	112.15	110.68	110.99	111.15

第3節　長期の安全性分析

1．長期の安全性分析の意義

　長期の安全性分析は，財務構造のバランスに着目して企業の財務健全性を評価する。分析には，固定資産と長期資金のバランスに着目する方法と，純資産と負債のバランスに着目する方法がある。前者の主な指標には固定比率や固定長期適合率があり，後者の主な指標には負債比率や自己資本比率がある。

　ところで，2006年の会社法施行に伴って「貸借対照表の純資産の部の表示に関する会計基準」（純資産会計基準）が適用されたことにより，それまでの貸借対照表の「資本の部」は廃止されて「純資産の部」となり，表記・分類項目が変更された。「純資産の部」は，連結貸借対照表では，株主資本，その他の包括利益累計額，新株予約権，少数株主持分（平成27年4月1日以後開始事業年度より非支配株主持分に名称変更）に，個別貸借対照表では，株主資本，評価・換算差額等，新株予約権に区分される。

　純資産会計基準により純資産の定義が変わったことを受けて，金融庁や東京証券取引所は，純資産のうち株主資本とその他の包括利益累計額（個別財務諸表では評価・換算差額等）の合計額（＝純資産－少数株主持分－新株予約権）を自己資本と呼び，自己資本比率や自己資本利益率などの指標の計算に利用している。したがって，本節ではその取り扱いにしたがって説明することにする。なお，統計資料によっては純資産合計を自己資本として指標を計算している場合がある。

2．自己資本比率

（1）自己資本比率の意義

　自己資本比率は，総資本（総資産）に占める自己資本の割合を示す指標であ

る。資金の調達源泉は、返済義務のある他人資本（負債）よりも返済義務のない自己資本による方が安全性の視点からは望ましい。そのため、この比率が高いほど長期的な安全性は良好ということになる。なお、自己資本比率の目安は企業規模や業種によって異なるものの、おおよそ40％〜50％以上あれば安全性は高いと判断される。

また、自己資本比率とは反対に、総資本に占める負債の割合を「他人資本比率」あるいは「他人資本構成比率」という。他人資本比率は、総資本のうち返済義務のある負債がどれだけの割合を占めるかを示すことから、低いほど長期の安全性は高いと判断される。

（2）自己資本比率の計算式

自己資本比率の計算式は、（6）式のとおりである。

$$自己資本比率(\%) = \frac{自己資本}{総資本} \times 100 \tag{6}$$

分子の自己資本は、株主資本とその他の包括利益累計額（個別財務諸表では評価・換算差額等）の合計額である。

分母の総資本は、負債純資産合計（＝資産合計）である。なお、割引手形や裏書手形がある場合には、注記に記載されている金額を総資本に含めて計算する場合と含めずに計算する場合とがある。この場合も、他社や業種平均と比較可能な指標にするために、計算方式を統一するべきである。

（3）自己資本比率の実例分析

三浦工業(株)の平成25年度（平成26年3月期）における自己資本比率（連結）を計算すると次のようになる。

$$自己資本比率 = \frac{92,035（百万円）}{117,498（百万円）} \times 100 = 78.33\%$$

図表 3・8　自己資本比率（連結）

(%)

産業　　　　　　　　　年	平成22年度	平成23年度	平成24年度	平成25年度
全産業平均	36.50	35.79	36.62	37.48
製造業平均	40.45	39.85	40.53	42.00
その他の機械器具平均	54.82	56.25	54.26	55.60
三浦工業(株)	83.02	80.50	81.14	78.33
非製造業平均	31.69	30.94	32.04	32.17

　過去4年間の自己資本比率の推移を示したのが図表3・8である。なお，業種別の自己資本は，『産業別財務データハンドブック』の純資産から新株予約権と少数株主持分を控除した金額を用いており，これ以降の指標の計算で自己資本を用いる場合も同様である。

　わが国企業の自己資本比率についてみると，全産業平均では35％前後を推移している。製造業平均は40％前後，非製造業平均は30％強を推移している。製造業のように資産総額に占める固定資産の割合が高い業種では，固定資産の購入資金は返済義務のない自己資本で調達することが望ましいことから自己資本比率は高くなる傾向があり，製造業と非製造業の差はこのことを示している。また，その他の機械器具平均は55％前後を推移しており，製造業平均よりも高くなっている。

　三浦工業(株)の自己資本比率は，その他の機械器具平均よりもさらに高く，80％前後を推移している。したがって，長期的な安全性は良好であると判断できる。

3．負債比率

（1）負債比率の意義

　負債比率は，返済義務のある負債が安全性を損なわない程度であるかどうか，自己資本に対する負債の割合を示す指標である。この比率が100％以下で

ある場合には安定性は良好であり，100％を超えている場合には資金調達が負債に依存していることを示す。

なお，負債比率のように低いほど良好な値を示す指標については，分母と分子を逆にして計算することで，その比率が高いほど良好な指標にすることができる。これにより，複数の経営指標で企業を総合的に評価する際に，比率が高いほど良好な指標であるという方針に統一することができる。この場合の負債比率は，比率が100％以上のときに企業の長期の安全性は良好ということになる。

わが国の企業は，資金調達に際して銀行借り入れなどの負債に依存して発展してきたため，負債比率は高い傾向にある。そのため，負債比率が高いからといって安全性はすぐに問題にはならない。

（2）負債比率の計算式

負債比率の計算式は，（7）式のとおりである。

$$負債比率(\%) = \frac{負債}{自己資本} \times 100 \qquad (7)$$

分子の負債は，貸借対照表の負債合計（流動負債＋固定負債）である。割引手形や裏書手形がある場合は，他社や業種平均と比較可能な指標にするために，計算方式を統一するべきである。

分母の自己資本は，株主資本とその他の包括利益累計額（個別財務諸表では評価・換算差額等）の合計額である。

（3）負債比率の実例分析

三浦工業(株)の平成25年度（平成26年3月期）における負債比率を計算すると次のようになる。

$$負債比率 = \frac{25,321（百万円）}{92,035（百万円）} \times 100 = 27.51\%$$

第3章　安全性の分析

図表3・9　負債比率（連結）
(%)

産業＼年	平成22年度	平成23年度	平成24年度	平成25年度
全産業平均	166.94	172.26	165.91	159.52
製造業平均	139.91	143.84	139.52	130.94
その他の機械器具平均	80.73	76.17	82.57	78.03
三浦工業(株)	20.43	24.20	23.16	27.51
非製造業平均	208.96	216.08	205.14	203.33

　過去4年間の負債比率の推移を示したのが図表3・9である。

　わが国企業の負債比率についてみると，全産業平均では160％前後を推移しており，これは自己資本の約1.6倍の負債を抱えていることを意味している。非製造業平均は200％を超えており，製造業平均が140％前後を推移していることと比べて負債の割合が高いことが読み取れる。その他の機械器具平均は製造業平均よりもさらに低い80％前後を推移している。

　三浦工業(株)の負債比率は，その他の機械器具平均よりもさらに低い20％台を推移している。したがって，長期的な安全性は良好であると判断できる。なお，三浦工業(株)の負債比率の計算に関して，分母と分子を逆にした平成25年度の負債比率は363.47％であり，この場合は比率が高い方が長期的な安全性は良好ということになる。

4．固定比率

（1）固定比率の意義

　固定比率は，企業が長期にわたって所有する固定資産の資金源として，返済義務がなく安定した資金の調達源泉である自己資本がどれだけ充てられているかを示す指標である。

　固定資産の購入に充てた資金は，減価償却資産は減価償却を通じて耐用年数

にわたって回収され，時間の経過により価値の減少しない非減価償却資産は売却により回収される。どちらも回収期間は通常1年を超えるため，固定資産は可能なかぎり借入れに依存しないで購入することが望ましい。

　固定比率は，固定資産を自己資本で除して算出する。この比率は100％以下であることが望ましいものの，現実には100％を超えている企業も多くみられ，とくに，巨額の生産設備を必要とする業種ほど高い傾向にある。一般に固定比率は，電気業，ガス業，運輸業では高く，サービス業，卸売業，小売業では低い。

　なお，固定比率の算出にあたっては，自己資本と固定資産を逆にして比率を計算することができる。この場合には，比率が100％以上のとき，企業の長期の安全性は良好ということになる。

（2）固定比率の計算式

　固定比率の計算式は，（8）式のとおりである。

$$固定比率(\%) = \frac{固定資産}{自己資本} \times 100 \qquad (8)$$

　分子の固定資産は，有形固定資産，無形固定資産および投資その他の資産からなる。また，滞留している売上債権や貸付金を分子に含める場合がある。繰

図表3・10　貸借対照表の構成図（固定比率）

（平成○年○月○日）

流動資産		流動負債
固定資産	純資産	固定負債
		株主資本
		その他の包括利益累計額
繰延資産		新株予約権
		少数株主持分

第3章　安全性の分析

延資産も1年を超えて回収されることから，固定資産に含めて計算する場合がある。

分母の自己資本は，株主資本とその他の包括利益累計額の合計（＝純資産－少数株主持分－新株予約権）である。

固定比率の算出に必要な固定資産と自己資本の貸借対照表における位置関係を示したのが図表3・10である。なお，図中の少数株主持分は，連結貸借対照表に固有の項目である。

（3）固定比率の実例分析

三浦工業(株)の平成25年度（平成26年3月期）における固定比率（連結）を計算すると次のようになる。固定資産47,107（百万円）は滞留している売上債権や貸付金を含んでおらず，繰延資産も含んでいない。自己資本92,035（百万円）は，株主資本91,132（百万円）にその他の包括利益累計額903（百万円）を加算して計算している。

$$固定比率 = \frac{47,107（百万円）}{92,035（百万円）} \times 100 = 51.18\%$$

過去4年間の固定比率の推移を示したのが図表3・11である。

わが国企業の固定比率についてみると，業種によって大きく異なっていることが読み取れる。過去4年間の推移は，全産業平均で150％台であるのに対し

図表3・11　固定比率（連結）

(%)

産業　　　　　　　　年	平成22年度	平成23年度	平成24年度	平成25年度
全産業平均	157.18	158.69	155.30	151.88
製造業平均	126.08	126.03	126.56	122.39
その他の機械器具平均	65.75	63.09	72.95	68.97
三浦工業(株)	49.77	49.25	52.01	51.18
非製造業平均	205.53	209.03	198.02	197.11

て製造業平均は125％前後，その他の機械器具平均は60％前後，非製造業平均は200％前後である。固定比率は低いほど安全性は良好であり，この比率が100％を超えている場合は自己資本ですべての固定資産を調達できていないことになる。そのため，全産業平均では自己資本の約1.5倍の固定資産を，非製造業にいたっては自己資本の約2倍の固定資産を保有していることになる。

　三浦工業(株)の固定比率は，その他の機械器具平均よりもさらに低いことから安全性は良好であると判断できる。なお，三浦工業(株)の固定比率の計算に関して，分母と分子を逆にした平成25年度の固定比率は195.37％であり，この場合は比率が高い方が安全性は良好ということになる。

5．固定長期適合率

（1）固定長期適合率の意義

　固定資産の資金源は返済義務のない自己資本によることが望ましいものの，現実にはそれが困難な場合がある。この場合，負債によって固定資産の購入資金を賄うことになるから，短期間で返済期限の到来する流動負債よりも，長期にわたって返済できる固定負債による調達の方が望ましい。

　固定長期適合率は，自己資本と固定負債の合計である長期資本によってどれだけの固定資産が調達されているかを示す指標であり，固定比率の補完的な指標として用いられる。

　固定長期適合率は，固定資産を長期資本で除して算出する。長期資本によって固定資産が調達されているかぎり長期の安全性は良好であることから，この比率は100％以下であることが望ましい。この比率が100％を超えている場合は，流動負債によって固定資産の一部を調達していることになるため資金繰りが困難になるおそれがある。

　なお，固定長期適合率は長期資本と固定資産を逆にして計算することで，比率が高いほど良好な指標にすることができる。この場合には，比率が100％以

上のとき，企業の長期の安全性は良好ということになる。

（2）固定長期適合率の計算式

固定長期適合率の計算式は，（9）式のとおりである。

$$固定長期適合率(\%) = \frac{固定資産}{長期資本} \times 100 \qquad (9)$$

分子の固定資産には，固定比率と同様に繰延資産を含める場合がある。

分母の長期資本は自己資本（株主資本＋その他の包括利益累計額）と固定負債の合計である。

ところで，固定長期適合率の計算にあたり，固定資産に繰延資産を加えて自己資本の代わりに純資産を用いた場合，流動比率とは裏表の関係になる。このことを示したのが図表3・12である。

図表3・12は，流動資産が流動負債よりも大きく流動比率が100％を超える場合，固定長期適合率は100％未満になることを示している。反対に，流動比率が100％未満の場合，固定長期適合率は100％を超えることになる。

図表3・12　貸借対照表の構成図（固定長期適合率）

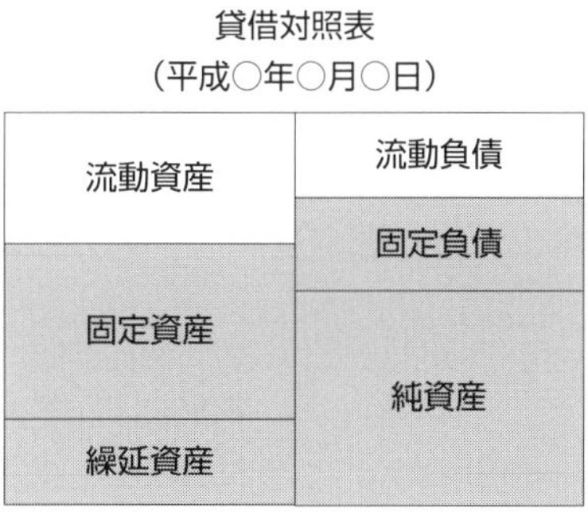

貸借対照表
（平成○年○月○日）

流動資産	流動負債
	固定負債
固定資産	純資産
繰延資産	

(3) 固定長期適合率の実例分析

三浦工業(株)の平成25年度(平成26年3月期)における固定長期適合率を計算すると次のようになる。

固定資産47,107(百万円)は繰延資産を含んでいない。長期資本94,852(百万円)は,固定比率の計算に用いた自己資本92,035(百万円)に固定負債2,817(百万円)を加算して計算している。

$$固定長期適合率 = \frac{47,107(百万円)}{94,852(百万円)} \times 100 = 49.66\%$$

過去4年間の固定長期適合率の推移を示したのが図表3・13である。

わが国企業の固定長期適合率についてみると,全業種で100%を下回っているなかで,業種により大きく異なっていることが読み取れる。過去4年間の推移は全業種でほぼ安定しており,全産業平均で85%前後であるのに対して製造業平均は80%前後,その他の機械器具平均は50%強,非製造業平均は90%強である。

三浦工業(株)の固定長期適合率はその他の機械器具平均よりもさらに低く,50%前後を推移していることから安全性は良好であると判断できる。なお,三浦工業(株)の固定長期適合率の計算に関して,分母と分子を逆にした平成25年度の固定長期適合率は201.35%であり,この場合は比率が高い方が安全性は良好ということになる。

図表3・13 固定長期適合率(連結)

(%)

産業＼年	平成22年度	平成23年度	平成24年度	平成25年度
全産業平均	86.40	86.47	86.00	85.19
製造業平均	79.93	79.71	80.16	79.07
その他の機械器具平均	52.28	51.24	54.76	53.37
三浦工業(株)	49.36	48.84	51.48	49.66
非製造業平均	93.63	93.86	92.40	91.97

第3章　安全性の分析

第4節　資金運用効率の分析

1．資金運用効率の分析の意義

　企業が安全性を高めるためには，資本を効率的に運用することが求められる。企業が事業活動に投下した資本（資産）をどの程度効率的に運用できているかを示す指標，すなわち資金運用効率を示す指標に回転率や回転期間がある。

　回転率は，投下した資本（資産）をどの程度効率的に運用して収益を獲得しているかを示し，売上高を資本（資産）で除して算出する。したがって，計算式は，(10)式のとおりである。

$$\text{回転率(回)} = \frac{\text{売上高}}{\text{資本(資産)}} \tag{10}$$

　回転期間は，投下した資本（資産）がどの程度の期間（年数，月数，日数）で回収されたかを示す。回転期間は回転率の逆数であるため，資本（資産）を売上高で除して算出する。あるいは，資本（資産）の投下から回収までを1回転とした場合に，回転期間は資本（資産）が1回転するのに必要な期間を意味することから，1を回転率で除して算出することもできる。

　回転期間の計算式は，(11)式のとおりである。分母の売上高は年間売上高である。なお，(11)式で算出された回転期間に，12（ヵ月）を乗じることで月数換算の回転期間が，365（日）を乗じることで日数換算の回転期間が算出される。

$$\text{回転期間(年)} = \frac{\text{資本(資産)}}{\text{売上高}} = \frac{1}{\text{回転率}} \tag{11}$$

　企業の営業循環は，卸売り・小売業であれば，現金（資金）をもとに商品を購入してそれを販売することで対価を得る。製造業であれば，現金（資金）をもとに材料を購入して製品を製造し，そして完成した製品を販売することで対価を得る。回転率はこうした営業循環過程を繰り返すことを意味する。

図表3・14　回転率の種類

　回転率は総資本回転率を基本として，総資本（総資産）の内訳としての負債・純資産項目と資産項目に分けて回転率の種類を考えることができる。

　負債・純資産項目の回転率には，総資本回転率，自己資本回転率，仕入（買入）債務回転率などがある。

　資産項目の回転率には，総資産回転率（＝総資本回転率）があり，流動資産の回転率として売上債権回転率，棚卸資産回転率，手元流動性回転率などが，固定資産の回転率として有形固定資産回転率，減価償却回転率などがある。これらの他にも経営資本に関する回転率がある。

　以上の回転率の種類をまとめたのが図表3・14である。

　本節では主要な資金運用効率を示す指標として，総資本回転率，売上債権回転率，仕入債務回転率，棚卸資産回転率，固定資産回転率を取り上げる。なお，回転率と回転期間は逆数の関係にあるため回転率で説明を進める。

2．総資本（総資産）回転率

（1）総資本回転率の意義

　総資本回転率は，総資本をどの程度効率的に運用して売上高を獲得したかを

示す指標である。売上高が総資本の何回転分か，換言すれば総資本1円でどれだけの売上高を獲得しているかを示し，売上高を総資本で除して算出する。この比率が大きいほど資金運用効率はよいということになる。

総資本回転率は，業種，企業規模，景気などの影響を受けやすい。薄利多売の業種ほど回転率は高くなり，多額の設備投資が必要な業種では回転率は低くなる傾向がある。また，大企業よりも中小企業の方が高い傾向がある。さらに，好景気のときほど高く，不況のときほど低くなる傾向がある。

総資本は貸借対照表の負債純資産合計である。しかし，総資本の効率的運用について検討する際には，その運用形態としての資産についても吟味しなければならない。たとえば，販売目的で保有する棚卸資産は最終的に販売されることで売上高に直接結びつくものの，固定資産はそうではない。稼動を休止している遊休資産のような不良資産は，今後の活用可能性を検討しつつ処分を進めることで総資本回転率は改善する。

（2） 総資本回転率の計算式

総資本回転率の計算式は，(12)式のとおりである。

$$総資本回転率(回) = \frac{売上高}{総資本} \quad (12)$$

分子の売上高は年間売上高である。分母の総資本は，期首と期末の総資本の平均額を用いることでより厳密な指標になる。

（3） 総資本回転率の実例分析

三浦工業(株)の平成25年度（平成26年3月期）における総資本回転率を(12)式で計算すると次のようになる。

$$総資本回転率 = \frac{85,535(百万円)}{117,498(百万円)} = 0.73回$$

なお，総資本回転期間を計算すると501.39日となり，総資本が1回転するの

に501.39日かかる（総資本は売上高の501.39日分である）ことになる。

過去4年間の総資本回転率の推移を示したのが図表3・15である。

わが国企業の総資本回転率についてみると，全産業平均では0.85回前後を推移している。製造業平均は0.9回前後，非製造業平均は0.8回弱を推移していることから，製造業の方が非製造業よりも総資本の回転効率は良好である。その他の機械器具平均は，すべての年度において製造業平均よりも低くなっている。

三浦工業(株)の総資本回転率は0.7回前後を推移しており，平成24年度を除いてはその他の機械器具平均よりも低い。したがって，この比率の改善については検討の余地があるということになる。

図表3・15　総資本回転率（連結）

(回)

産業＼年	平成22年度	平成23年度	平成24年度	平成25年度
全産業平均	0.87	0.85	0.82	0.83
製造業平均	0.92	0.89	0.86	0.87
その他の機械器具平均	0.77	0.78	0.68	0.74
三浦工業(株)	0.69	0.73	0.74	0.73
非製造業平均	0.80	0.80	0.77	0.78

3．売上債権回転率

(1) 売上債権回転率の意義

売上債権回転率は，売上債権を回収して現金化されるまでの速さを示す指標であり，売上高を売上債権で除して算出する。また，売上債権は受取手形と売掛金からなるから，売上債権回転率は受取手形回転率と売掛金回転率に分解することができる。

企業にとって売上債権は早く回収できた方がよい。なぜなら，回収した売上債権は次の運用や投資の資金となるだけでなく，回収が遅れると貸倒れの可能

性が高くなったり，債権回収コストが増加したり，資金繰りが悪化するおそれがあるからである。そのため，売上債権回転率は高い方が資金運用効率はよいということになる。

（2）売上債権回転率の計算式

売上債権回転率の一般的な計算式は，(13)式のとおりである。

$$売上債権回転率（回）＝\frac{売上高}{売上債権} \tag{13}$$

(13)式は売上高のすべてが掛売上高と想定し，現金による売上は売掛金の回収とみなしている。そのため，分子の売上高は売上債権の回収額，分母の売上債権は期首と期末の金額から年間平均残高を算出して用いることでより厳密な指標になる。

また，分母の売上債権について，貸倒引当金は売上債権に対して設定された金額を控除する。割引手形や裏書手形がある場合には，計算方式を統一して比較可能性を確保するべきである。

（3）売上債権回転率の実例分析

三浦工業(株)の平成25年度（平成26年3月期）における売上債権回転率を(13)式で計算すると次のようになる。

$$売上債権回転率＝\frac{85,535（百万円）}{23,993（百万円）}＝3.56回$$

なお，売上債権回転期間を計算すると102.38日となり，売上から債権の回収まで102.38日かかっていることになる。

過去4年間の売上債権回転率の推移を示したのが図表3・16である。

わが国企業の売上債権回転率についてみると，全産業平均では6回弱を推移している。製造業平均は5.5回前後，非製造業平均は6回前後を推移していることから，非製造業の方が製造業よりも売上債権の回転効率は良好である。そ

図表3・16　売上債権回転率（連結）

(回)

産業＼年	平成22年度	平成23年度	平成24年度	平成25年度
全産業平均	5.93	5.44	5.53	5.60
製造業平均	5.83	5.28	5.35	5.53
その他の機械器具平均	3.87	3.67	3.62	3.86
三浦工業(株)	3.69	3.45	3.60	3.56
非製造業平均	6.08	5.67	5.77	5.69

の他の機械器具平均は製造業平均よりも低く，3.7回前後を推移している。

　三浦工業(株)の売上債権回転率は3.5回前後を推移しており，その他の機械器具平均よりも低いことから，相対的に売上債権の回収に時間を要しているといえる。

4．仕入（買入）債務回転率

（1）仕入債務回転率の意義

　仕入債務回転率は，仕入債務の支払いをどの程度効率的に行っているか，あるいは仕入が過大になっていないかを示す指標であり，一般的には仕入高（売上原価）を仕入債務で除して算出する。また，仕入債務は支払手形と買掛金からなるから，仕入債務回転率は支払手形回転率と買掛金回転率に分解することができる。

　仕入債務回転率が高いほど資金運用効率はよいことになる。仕入債務回転率が低い場合は，支払債務の決済に時間がかかっていることを意味することから資金繰りが悪化している可能性がある。ただし，資金繰りをよくするために支払いをできるだけ先延ばしにしている場合もある。そのため，仕入債務回転期間と売上債権回転期間を比較して，債権の回収と債務の返済のバランスをみることも重要である。

（2） 仕入債務回転率の計算式

仕入債務回転率の一般的な計算式は，(14)式のとおりである。

$$仕入債務回転率(回) = \frac{仕入高（売上原価）}{仕入債務} \qquad (14)$$

(14)式は仕入高のすべてを掛仕入と想定し，現金による仕入れは買掛金の支払いとみなしている。そのため，分子の仕入高は仕入債務の支払高，分母の仕入債務は年間平均残高を用いることでより厳密な指標になる。また，裏書手形がある場合には仕入債務に加算する。

（3） 仕入債務回転率の実例分析

三浦工業(株)の平成25年度（平成26年3月期）における仕入債務回転率を(14)式で計算すると次のようになる。なお，裏書手形はないため分母は「支払手形及び買掛金」の金額である。

$$仕入債務回転率 = \frac{49,939（百万円）}{2,784（百万円）} = 17.94 回$$

また，仕入債務回転期間は20.35日となり，仕入から債務の返済まで20.35日かかっていることになる。

過去4年間の仕入債務回転率の推移を示したのが図表3・17である。

わが国企業の仕入債務回転率についてみると，全産業平均では6回弱を推移している。製造業平均は6回前後，非製造業平均は6回弱を推移していることから，製造業の方が非製造業よりも仕入債務の回転効率は若干良好である。その他の機械器具平均は5回弱と製造業平均よりも低くなっている。

三浦工業(株)の仕入債務回転率は20回前後と非常に高い水準を推移しており，仕入債務の回転効率はよいと判断できる。なお，三浦工業(株)の平成25年度の売上債権回転期間は102.38日であるのに対して，仕入債務回転期間は20.35日である。通常，仕入債務回転期間よりも売上債権回転期間が長い場合は，仕入債務の支払いが売上債権の回収に先行するため資金繰りは厳しくなると考え

図表3・17　仕入債務回転率（連結）

(回)

産業＼年	平成22年度	平成23年度	平成24年度	平成25年度
全産業平均	5.99	5.60	5.83	5.91
製造業平均	6.22	5.71	6.13	6.25
その他の機械器具平均	4.47	4.62	4.72	5.00
三浦工業(株)	19.57	19.47	20.83	17.94
非製造業平均	5.70	5.46	5.49	5.54

られている。しかし，三浦工業(株)の流動比率，当座比率は非常に高い水準であることから，仕入債務の支払いに充てる十分な資金源を有しているといえる。したがって，三浦工業(株)の仕入債務回転期間と売上債権回転期間の差については，資金繰りが厳しいことを表しているのではなく，反対に，潤沢な流動資産に起因する安全性の高さの表れであるといえる。

5．棚卸資産回転率

（1）棚卸資産回転率の意義

棚卸資産回転率は，売上高あるいは売上原価を棚卸資産で除して算出する指標であり，分子が売上高の場合と売上原価の場合とでは意味の異なる指標になる。

分子が売上高の場合は，資本の運用形態としての棚卸資産をどの程度効率的に活用して売上高を獲得しているかを示し，販売効率を意味する。分子が売上原価の場合は，一会計年度の売上原価が棚卸資産の何倍であったかを示し，回転速度を意味する。ただし，棚卸資産は原価であるのに対して売上高には利益が含まれることから，分子には売上原価を用いる方が理論的といわれている。

棚卸資産回転率が低い場合は，売上高が減少しているか，不適切な在庫管理によって在庫が増えている可能性がある。

棚卸資産は，原材料，仕掛品，半製品，製品，貯蔵品に細分化されることから，分母の棚卸資産の代わりにこれらを用いることでそれぞれの回転率を計算することができる。なお，この場合も分子に売上高を用いるよりも原材料費や製造高を用いる方が理論的な回転率になる。

（2）棚卸資産回転率の計算式

棚卸資産回転率の計算式は，(15)式のとおりである。

$$棚卸資産回転率(回) = \frac{売上高(売上原価)}{棚卸資産} \qquad (15)$$

分子には，売上高が用いられる場合と売上原価が用いられる場合がある。分母の棚卸資産は，年間平均有高を用いることでより厳密な指標になる。

（3）棚卸資産回転率の実例分析

三浦工業(株)の平成25年度（平成26年3月期）における棚卸資産回転率を(15)式で計算すると次のようになる。棚卸資産11,211（百万円）は，商品及び製品4,286（百万円），仕掛品2,134（百万円），原材料及び貯蔵品4,791（百万円）の合計である。

$$棚卸資産回転率 = \frac{85,535（百万円）}{11,211（百万円）} = 7.63回$$

また，棚卸資産回転期間は47.84日となり，在庫が47.84日で1回転している，あるいは1日の売上高の47.84日分の在庫を保有していることになる。

過去4年間の棚卸資産回転率の推移を示したのが図表3・18である。

わが国企業の棚卸資産回転率についてみると，全産業平均では9回前後を推移している。製造業平均は7回前後，非製造業平均は12回前後を推移していることから，非製造業の方が製造業よりも棚卸資産の回転効率は良好である。その他の機械器具平均は製造業平均よりも低く，4.5回前後を推移している。

三浦工業(株)の棚卸資産回転率は8回前後を推移していることから，棚卸資

図表3・18 棚卸資産回転率(連結)

(回)

産業＼年	平成22年度	平成23年度	平成24年度	平成25年度
全産業平均	9.16	8.65	8.36	8.78
製造業平均	7.69	6.98	6.85	7.26
その他の機械器具平均	4.84	4.63	4.31	4.74
三浦工業(株)	7.69	8.18	8.10	7.63
非製造業平均	12.51	12.65	11.74	12.09

産の回転効率は良好であると判断できる。

6．固定資産回転率

(1) 固定資産回転率の意義

　固定資産回転率は，固定資産をどの程度効率的に活用して売上高を獲得しているかを示す指標である。この比率は売上高を固定資産の金額で除して算出し，高いほど回転効率はよいことになる。

　固定資産への投資は回収が長期にわたるうえに，売上高の増減にともなって固定資産を増減させることは容易ではない。しかも，減価償却資産は時間の経過とともに価値が減少していく。そのため，この比率が低い場合には，遊休資産のような不良資産や過大投資の有無を確認して，無駄な資産を処分することで回転効率が改善する可能性がある。

(2) 固定資産回転率の計算式

　固定資産回転率の計算式は，(16)式のとおりである。

$$固定資産回転率(回) = \frac{売上高}{固定資産} \qquad (16)$$

　分子には減価償却費を用いる場合がある。分母の固定資産は，年間平均有高

第3章 安全性の分析

を用いることでより厳密な指標になる。

(3) 固定資産回転率の実例分析

三浦工業(株)の平成25年度（平成26年3月期）における固定資産回転率を(16)式で計算すると次のようになる。

$$固定資産回転率 = \frac{85,535（百万円）}{47,107（百万円）} = 1.82回$$

また，固定資産回転期間は201.02日となり，固定資産が201.02日で1回転している，あるいは1日の売上高の201.02日分の固定資産を保有していることになる。

過去4年間の固定資産回転率の推移を示したのが図表3・19である。

わが国企業の固定資産回転率についてみると，全産業平均では1.5回前後を推移している。製造業平均は1.7回前後，非製造業平均は1.2回強を推移していることから，製造業の方が非製造業よりも固定資産の回転効率は良好である。その他の機械器具平均は2回前後を推移しており，製造業平均よりもさらに良好である。

三浦工業(株)の固定資産回転率は2回弱を推移しており，その他の機械器具平均より固定資産の回転効率は劣っていることが読み取れる。

図表3・19　固定資産回転率（連結）

(回)

産業　　　　　　年	平成22年度	平成23年度	平成24年度	平成25年度
全産業平均	1.51	1.50	1.44	1.46
製造業平均	1.81	1.77	1.67	1.70
その他の機械器具平均	2.13	2.20	1.71	1.93
三浦工業(株)	1.68	1.83	1.75	1.82
非製造業平均	1.24	1.24	1.21	1.23

第4章 収益性の分析

第1節 収益性分析の意義

1．収益性の概念

　経営者の基本的関心は，貨幣の形で投下された資本を使って，商品などの購入にあて，工業の場合は，原材料などの購入にあて，製造過程を経て製品を製造し，次に商品・製品の販売を行って，期首に投下した資本を増加させることである。

　企業活動は，図表4・1で示されるように，商業と工業では資本の循環運動に違いはみられるが，投下された資本は，その形を変え，最終的には現金として回収される。この場合，貨幣の形で回収された回収資本と期末資本の額が，一致しているものとみなせば，増加資本の部分は利益である。期末資本－期首資本＝利益（損失）の式が成立つ。企業経営は，回収資本－投下資本＝増加資本（利益）をめざして行われる。

　しかし，回収資本と期末資本は，通常は，一致することはない。投下した資本のうち，回収した資本の純増加高に期首の投下資本を加算した額が，期末資本である。回収した資本の純増加高が利益，期首の投下資本が期首資本であることに気がつけば，このことを理解することは，容易であろう。これを式で示

せば，純利益＋期首資本＝期末資本と表されるので，期末資本－期首資本＝利益（損失）の式が成立つ。ここに示した資本は，純資産のことで期中増減はないものとする。

収益性は，この資本の循環運動に着目して，回収した資本を含め，期末の資本を起点として，資本循環運動の成果である利益との関係を分析するために創り出された概念である。したがって，この概念は，収益性を理解するための出発点であり，基本的概念であるといえよう。

商業の資本循環運動の場合，貨幣Gの形で投下された資本は，商品（W：材料も卸売業者にとっては商品）などの購入にあてられ，形を変える。さらに，それらは，販売されることによって，当初に投下した資本は，最終的に現金として回収される。工業の資本循環運動をみると，貨幣Gの形で投下された資本は原材料（W）などの購入にあてられ，貨幣は形を変える。さらに，それは，生産過程（Pm・A→P（製品）→W′）を経由して製品が製造され，製品は販売過程（W′→G′）を経て，最終的に当初に投下した資本を現金で回収する。このように，工業の特徴は，内部活動にあるが，企業活動がどんなに複雑多岐にわたっても，結果的には，商業活動と資本の循環運動は同じである。

貨幣の形で投下された資本は，G→W→G′→W′→G″と繰り返し投下・回転される。比率を算出する場合，分母に期末の資本金額を使うこともあるが，分子の利益が一定期間の金額であることにあわせて，資本の計算にも，一定期

図表４・１　資本の循環運動

間の意味をもたせるために，便宜的に期首に期末を加えた金額を2で割った平均値を使う。資本の計算に一定期間の平均値を使うことにより，分母と分子の数値の性質を一致させるためである。ただし，計算を簡略化する目的で期末の資本金額を使うこともある。期首資本と期末資本との額に大きな変化がなければ，このような簡便法でも差支えない。しかし，期中において連結子会社の増減により期中に総資本の額が変化することも考えられるので，平均値をとることは，必要であろう。

以後，式に使う資本の意味は，(期首資本＋期末資本)÷2のことである。その場合，「資本(平均)」と表現する。

2．資本利益率の意義

資本利益率は，利益獲得のために企業に投下されたすべての資本とその結果得られた利益とを対比して，投下された資本の成果を表示する指標である。それについて，次のような式で表すことができる。

$$資本利益率 = \frac{利\ 益}{資本(平均)}$$

資本利益率の式を構成要素別に分解すると，上記の式は，下記のように売上高利益率と資本回転率との積として示すことができる。2つの式に分解することで，収益獲得の構成要素を知ることができる。売上高利益率が高い場合は，営業に使われた資本の収益性が高い。また資本回転率が高い場合は，企業全体の資本の運用効率が良いということができる。

資本利益率を高くするには，まず売上高利益率を良くすることが考えられる。それには単価を維持して販売数量を伸ばすか，それとも販売数量が伸びない場合は，売上単価に対応する原価を引き下げるほか，個別に費用を削減する必要がある。また，資本回転率を高くすることも考えられる。売上高が伸びない場合は，総資本のうち他人資本をできるかぎり速やかに返済して総資本を減

少させれば，資本回転率は，高くなる。このように，資本利益率を売上高利益率と資本回転率に分解してそれぞれの視点から比率改善の可能性を分析し，対策をとることが必要である。

$$資本利益率 = \frac{利益}{資本（平均）} = \frac{利益}{売上高} \times \frac{売上高}{資本（平均）}$$
（資本利益率）　　（売上高利益率）　（資本回転率）

　以上述べてきた資本利益率の算出には，一定時点の財政状態を表示する貸借対照表の期首と期末の資本の平均と一定期間の企業の経営成績（業績）を表示する損益計算書が使われる。

　ここで，若干の確認をしておこう。資本と資産の関係である。企業の財務内容を集めた方（調達）からみれば，資本（他人資本・自己資本）である。集めたお金およびお金の使い方（運用）からみれば，資産である。集めた以上には使えない，集めた以下でもないという，資産＝資本の等式は，お金の使い方である資産とお金の集め方である資本の間にみられる自然な関係を表現したものである。したがって，集め方である調達源泉の金額と使い方である運用形態の金額は，等しくなる。したがって，資産と資本は，常に等しくなる。利益率を運用形態から表現すれば，総資産利益率と，調達源泉で表現すれば，総資本利益率と呼ぶことができる。総資産の金額と総資本の金額は，常に等しいので，総資産利益率，総資本利益率といっても，数値を資産側から算出して理解するか，それとも資本側から算出して理解するかの違いがあるにすぎず，内容は同じである。

　企業の収益性を分析する場合，もう1つの方法がある。第1の方法は，すでに述べたように，期末資本と得られた利益とを対比して，資本の利益率を算出する方法である。第2の方法は，回収した資本の総額を示す売上高と得られた利益とを対比して，企業業績の利益率を算出する方法である。

　言い換えれば，企業が資本を使ってどれだけの利益を上げたかを示すために，期末資本をもとに企業全体の収益性を考えるか，それとも企業業績の収益

性を示すために，投下した資本のうち，企業活動において消費された資本（商品・製品）の回収高を示す売上高をもとに業績の収益性を考えるかの違いはあるが，両者とも利益と対比してそれぞれの利益率を算出することについては，同じである。したがって，収益性分析には，期末資本の収益性を示す資本利益率の分析と企業活動において消費された資本の回収高をもとに業績の収益性を示す売上高利益率の分析の2種があることになる。

3．資本利益率の種類

資本利益率に使われる資本は，資本の構成に基づき資本金，自己資本，総資本，経営資本に区別される。利益は，営業利益，経常利益，当期純利益などが使われる。

資本金利益率で使われる資本金は，株主が投資した金額のうち資本準備金として処理された金額を除いた部分である。資本金は，株主の払い込んだ金額のすべてではないので，株主が投資した金額の実質利益率を表しているわけではない。したがって，資本金利益率は，形式的な利益率にならざるを得ない。

それに対して，自己資本利益率の自己資本には，株主に帰属する調達源泉のすべてが含まれるため株主の実質的な利益率が求められる。

総資本利益率の資本には，企業が調達した他人資本・自己資本のすべてが含

図表4・2　資本利益率の種類

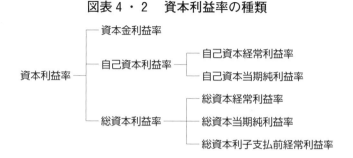

められるため，企業全体に投下された資本の利益率が算出される。

　経営資本利益率の資本は，総資産から建設仮勘定・遊休資産・繰延資産などを差引いた，実際に経営活動に使われている資本に限定するため，企業全体の実質的経営資本の利益率が算出される。

4．資本利益率の分解

(1) 資本利益率の分解の意義

　資本利益率は，売上高利益率と資本回転率に分けられる。売上高利益率は，売上高を分母とし，損益計算書で区分された利益を分子として算出される。資本回転率は資本の構成要素を個別・具体的に示す貸借対照表の資産を分母とし，売上高を分子として算出される。これらの比率について，総資本経常利益率を最上位にして示すと，構成要素別にしたがった比率のピラミッドを図表4・3のように描くことができる。比率の変動要因や良否の原因を解析するためには，比率を分解して読み解くことが重要である。

　図表4・3の左側は，収益率を示した図である。この図は，ピラミッドの最下層に示した売上高総利益率から販売費・一般管理費率を差し引いた結果，売上高営業利益率が算出され，次に売上高営業利益率から売上高営業外損益率を加減して売上高経常利益率が算出されることを示した図である。

　右側は，資本の回転率を資産の構成要素別に示したピラミッド図である。この右側の図は，売上債権回転率に棚卸資産回転率を加えて，流動資産回転率が算出され，次に固定資産回転率を加えて総資本回転率が算出されることを示している。左右の売上高経常利益率と総資本回転率を乗じることによって，総資本経常利益率が算出される。このように，総資本経常利益率の変動要因を突き止めるために比率の分解をすることが必要である。

図表 4・3　比率ピラミッド

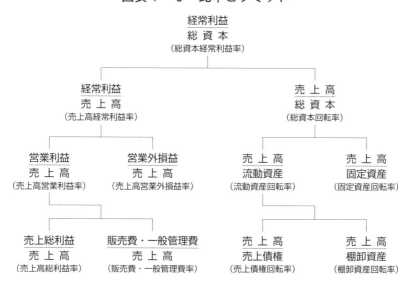

第2節　資本利益率の分析

1．総資本利益率

（1）総資本利益率の意義

　総資本利益率の資本には，調達した資金（他人資本と自己資本）のすべてが含まれるので，企業全体の利益率が示される。企業経営者は，企業全体に責任を負っているので，総資本利益率の指標は，企業経営に責任をもつ経営者の評価を示すといえるであろう。

　総資本利益率は，自己資本に他人資本を加えた総資本に対して営業活動により獲得した収益とそのために使われた費用の差額である利益とを対比して算出される。ただし，利益は，売上総利益，営業利益，経常利益，税引前当期純利

益，当期純利益，包括利益の6段階に区分されているので，そのうちのいずれの利益をとるのかによって指標のもつ意味が異なる。分析目的にあわせて利益と資本を選択する必要がある。

(2) 総資本利益率の計算式

総資本利益率には，次のような比率がある。

$$総資本経常利益率(\%) = \frac{経常利益}{資本（平均）} \times 100 \quad (1)$$

$$総資本当期純利益率(\%) = \frac{当期純利益}{資本（平均）} \times 100 \quad (2)$$

$$\underset{(総資本事業利益率(\%))}{総資本利子支払前経常利益率(\%)} = \frac{経常利益＋金融費用}{資本（平均）} \times 100 \quad (3)$$

(1)式の総資本経常利益率の経常利益とは，売上高から売上原価・販売費及び一般管理費を控除した営業利益に営業外収益を加算しそこから営業外費用を差し引いて算出された金額のことで，企業の継続的かつ通常の営業活動から得られる利益である。

経常利益は，企業の正常な活動によって上げた利益であるので，固定資産・過年度修正・自然災害など，臨時・偶発的な取引は，ここには含められていない。したがって，経常利益は，経営者の純粋な手腕の結果であるといえるであろう。この指標は，企業が調達した資金のすべてを使って，どれだけの経常利益を上げたのかを示す比率である。

(2)式の総資本当期純利益率の当期純利益とは，経常利益に臨時・偶発的に発生した損益を加算・減算して算出された税引前当期純利益から法人税・住民税・事業税を差し引いて求めた利益のことである。

利害関係者の関心が企業活動の正常な成果を示す経常利益にあるとみる場合，総資本経常利益率が適切である。経営者は，臨時・偶発的な取引に基づく損益の発生には責任がないとも考えられるからである。しかし，経営者は，企

業経営をするうえで発生するこれらの臨時・偶発的損益に全責任をもたなければならない最高責任者である。企業全体に責任を負っている経営者を評価する利益には，経常利益にこの臨時・偶発的な損益を加算・減算して求めた税引前当期純利益から法人税・住民税・事業税が差し引かれた最終的に処分可能な当期純利益が妥当であるといえる。経営者は，この当期純利益と総資本とを対比して算出される総資本当期純利益率で最終的な評価を受ける。

（3）式の総資本利子支払前経常利益率（総資本事業利益率）の利子支払前経常利益（事業利益）とは，経常利益に財務上の営業外費用（金融費用）を戻した金額のことである。言い換えれば，営業外費用が支払利息からだけ構成されていると考えると，営業利益に営業外収益を加算した額である。

営業外費用の支払利息（金融費用）は，借入という形の他人資本の調達コストであるので，営業活動のために直接使われたコストではないという理由で除かれる。営業活動からすれば，営業外費用の支払利息は，継続的に発生するものの，元手を集めるために発生した費用であって，事業業績の尺度としてはなじまないものと考えられるからである。

営業外収益の受取利息（金融収益）は，調達した資本を運用した結果，発生した利益であることでは売上高と同じであるという理由で加算される。

（3）総資本経常利益率の実例分析

三浦工業(株)の総資本経常利益率は，全産業平均，製造業平均，その他機械器具平均，非製造業平均の4種（以下，平均4種という）のいずれと比較しても高く，優良会社であることを示している。平成25年度決算は，米国第4位の証券会社であり投資銀行であったリーマン・ブラザーズの倒産事件（平成20（2008）年9月15日）による世界的不況から回復したと考えられるが，平均4種と三浦工業のそれとを比べると，総資本経常利益率は，依然として高水準にあり不況に強い体質作りに成功していたと考えられる。

三浦工業(株)の平成25年度（平成26年3月期）の総資本経常利益率を有価証

券報告書の連結財務諸表から算出すると，次のようになる。

$$総資本経常利益率 = \frac{10,298(百万円)}{(117,498(百万円)+105,941(百万円))\div 2} \times 100 = 9.22\%$$

平成22年度から平成25年度までの三浦工業(株)と平均4種との総資本経常利益率の推移は，図表4・4のとおりである。

図表4・4　総資本経常利益率（連結）

(%)

産業＼年	平成22年度	平成23年度	平成24年度	平成25年度
全産業平均	4.74	3.94	4.00	5.20
製造業平均	4.05	4.10	4.30	5.81
その他の機械器具平均	7.20	6.20	4.91	7.02
三浦工業(株)	5.96	6.98	8.50	9.22
非製造業平均	4.30	3.74	3.66	4.50

2．自己資本利益率

(1) 自己資本利益率の意義

　自己資本利益率（Return on Equity）の自己資本とは，総資産から他人資本（負債）を差し引いた金額のことである。この自己資本利益率は，株主資本利益率といわれることがあるように，株主自身に帰属する自己資本（純資産）がどの程度の利益を獲得したかを示す指標である。

　自己資本利益率の自己資本をもっと正確にいえば，期首の資本合計から他人資本を控除した額と期末の資本合計から他人資本を控除した額とを加算した金額を2で除した額のことである（自己資本（平均））といえる。

　株主からみると，投資利回り的な意味をもつこの比率の分析から，企業の配当可能能力や増資能力を判断できる。その場合，他人資本利益率や他人資本利子率を参考にして分析の結果を判断することが必要である。

（2） 自己資本利益率の計算式

　自己資本利益率の計算は，自己資本当期純利益率と自己資本経常利益率の2つに区別される。自己資本当期純利益率の利益とは，当期の収益からすべての費用を差し引き，さらにそこから法人税，住民税，および事業税を控除した当期純利益のことである。当期純利益は，株主に帰属する自己資本に対して，損益計算がすべて修了した後の利益の割合を示すので，株主からすると，最終的な投資利回り的な意味になる。次の算式で求められる。

$$自己資本当期純利益率（\%）=\frac{当期純利益}{自己資本（平均）}\times 100 \qquad (4)$$

　（5）の自己資本経常利益率は，株主の立場から，株主に帰属する自己資本に対して正常な経営活動によって獲得した経常利益の割合を示す指標である。株主が自己資本の増加を求め，その増加から配当などを要求することを考えれば，（4）の自己資本当期純利益率の方が適切である。

$$自己資本経常利益率（\%）=\frac{経常利益}{自己資本（平均）}\times 100 \qquad (5)$$

（3） 自己資本当期純利益率の実例分析

　三浦工業(株)の自己資本当期純利益率の平成22年度（平成23年3月期）は，製造業平均，その他機械器具平均と比べて，下回っている。この数値は，財務レバレッジ（負債）に他社ほどは頼っていないことを示している。しかし，負債に頼らない経営は，幸いにもすぐに成果を出すのである。リーマンショック以降は，平均4種と比較して若干低い水準を維持している。不況にあって，負債に頼らない経営に努めた結果，競争力の強い体質作りに成功したとも分析できる。

　三浦工業(株)の平成25年度（平成26年3月期）の自己資本当期純利益率を有価証券報告書の連結財務諸表から算出すると，次のようになる。

図表4・5　自己資本当期純利益率（連結）

(%)

産業＼年	平成22年	平成23年	平成24年	平成25年
全産業平均	5.76	4.15	4.79	7.90
製造業平均	6.16	3.79	4.56	7.99
その他の機械器具平均	7.83	5.28	4.34	7.88
三浦工業(株)	3.78	4.36	6.15	7.06
非製造業平均	5.14	4.70	5.14	7.77

図表4・6　総資本当期純利益率（連結）

(%)

産業＼年	平成22年	平成23年	平成24年	平成25年
全産業平均	2.25	1.60	1.86	3.14
製造業平均	2.67	1.63	1.96	3.54
その他の機械器具平均	4.36	2.98	2.43	4.41
三浦工業(株)	3.12	3.56	4.97	5.63
非製造業平均	1.73	1.57	1.73	2.68

$$自己資本当期純利益率 = \frac{6{,}288(百万円)}{(92{,}177(百万円) + 86{,}029(百万円)) \div 2} \times 100 = 7.06\%$$

　図表4・6は，分子の当期純利益（当期純利益）を自己資本に他人資本（負債）を加えた金額で除した数値である。したがって，総資本当期純利益率と自己資本当期純利益率の差に当てはまる数値が他人資本（負債）で獲得した利益であることを示している。自己資本当期純利益率と総資本当期純利益率との乖離が小さければ小さいほど負債の額が小さいということを示している。このことからも，三浦工業(株)は，借金が少ない健全経営をしていることがわかる。

　三浦工業(株)の平成25年度（平成26年3月期）の総資本当期純利益率を計算すると，次のようになる。

$$総資本当期純利益率 = \frac{6{,}288(百万円)}{(117{,}498(百万円) + 105{,}941(百万円)) \div 2} \times 100 = 5.63\%$$

3．経営資本営業利益率

（1）経営資本営業利益率の意義

　企業の営業活動には，企業に属する資産のうち，使われていない資産，たとえば遊休資産，建設途上の資産，繰延資産のように有効性を実質的に評価できない資産，および営業活動に関係のない投資その他の資産がある。経営資本営業利益率の経営資本とは，営業活動に関係のないこれらの資産を除いた，営業活動に実際に使われる事実上の営業資産のことである。

　経営資本営業利益率の営業利益には，売上総利益から販売費及び一般管理費を控除して算出される企業本来の活動の成果を示す営業利益が使われる。

　したがって，経営資本営業利益率とは，経営活動に使われた事実上の資本と利益とを対比して算出される指標のことである。

（2）経営資本営業利益率の計算式

　企業にとって重要な企業活動の成果を知るために，この経営資本営業利益率が使われる。企業が目的とする成果の実質的割合を示す指標である。次の算式で求められる。

経営資本＝総資産－（遊休資産＋建設仮勘定＋繰延資産＋投資その他の資産）（6）

　遊休資産は，文字どおり稼働していない資産を示すが，遊休資産を財務諸表で明確に把握できないこともある。建設仮勘定は，建設途上の建物のことで，まだ営業に供されていない資産のことである。繰延資産は，損益計算から発生した擬制資産であるという意味で除外の対象にするのが妥当であろう。投資その他の資産のなかには，内部利害関係者であれば，本来の経営活動との関連性を区別できるであろうが，外部利害関係者が経営活動との関連性を区別できるかできないかを判断することは容易なことではない。これを考慮して除外の対象とした。

　したがって，次の計算式になる。

$$経営資本営業利益率(\%) = \frac{営業利益}{経営資本(平均)} \times 100 \qquad (7)$$

第3節　売上高利益率の分析

1．売上高利益率の意義と概念

　貨幣の形で投下された資本は，一部が商品などの購入にあてられ，形を変える。さらに，それらは，販売されることによって，投下した資本は，現金として回収される。売上高利益率は，企業のすべての投下資本のうち，商品・製品の購入・製造活動に使った資本から得られた売上高（収益）と，売上高と消費した資産（費用）との差額である利益とを対比することによって，当期の企業活動の業績を示す比率である。

　売上高利益率の売上高とは，企業が所有するすべての資産のうち，商品・製品の売上活動から得られた資本の回収高（売上高）のことである。

　利益とは，企業が商品・製品の販売活動から得た売上高とその消費額である売上原価の差額を示す売上総利益の他，売上総利益から営業活動に基づく費用（販売費及び一般管理費）を控除した営業利益，営業利益に通常の営業外収益と営業外費用（金融活動など）を加算・減算した経常利益，経常利益に特別利益・特別損失を加算・減算し，その金額から法人税等を控除した当期利益（当期純利益）に区別することができる。

　売上高利益率は，資本回収高を示す売上高と上記に述べたそれぞれの利益とを対比し，企業の売上活動の収益性を分析する指標である。売上高利益率の分析は，損益計算の過程で算出される利益の性質によって，次のように分類される。

① 売上高総利益率
② 売上高営業利益率

③　売上高経常利益率
④　売上高当期利益率

2．売上高総利益率

（1）売上高総利益率の意義

　売上高総利益率は，すべての企業活動のうち，販売活動に直接の関係のある購入活動・製造活動の営業結果を示す売上高を評価・判断するための指標である。売上高総利益率は，売上高と売上総利益とを対比して算出される比率で，売上総利益を売上高で除して求められる。

　売上高総利益率の売上高は，資産の運用のうち，一期間の商品・製品の売上活動から得た資産の回収高（売上高）のことである。具体的には，総売上高から売上戻り高と売上値引高を控除した純売上高のことである。しかしながら，公開される損益計算書には，純売上高をもって売上高と表示される純額法を採用しているので，売上高と純売上高の金額は，表現は違うものの実質的には同じである。

　売上高総利益率の売上総利益とは，売上高から売上原価を差し引くことによって，算出される売上総利益のことで，粗利と呼ばれることもある。売上原価は，商品の仕入れのために支出した金額のうち，販売のため消費した資産，もしくは製品製造のために支出した金額のうち販売のため消費した資産のことである。

　売上総利益とは，売上高から売上原価を差し引くことによって算出される利益のことで，売上げによって，最初にもたらされる損益計算書の利益である。

（2）売上高総利益率の計算式

　売上高総利益率を算出する式は，次のとおりである。

$$売上高総利益率(\%) = \frac{売上総利益}{売上高} \times 100 \tag{8}$$

　売上高総利益率が，同一業種平均と比較して高い指標を示している場合ある

いは低く示している場合がある。この場合，売上原価が高いのか，それとも売上単価が低すぎるのかを疑う必要がある。

$$売上高総利益率(\%) = \frac{売上高 - 売上原価}{売上高} \times 100 \quad (9)$$

$$売上高総利益率(\%) = (1 - \frac{売上原価}{売上高}) \times 100 \quad (10)$$

$$売上高総利益率(\%) = (1 - 売上高原価率) \times 100 \quad (11)$$

売上高総利益率が高い場合，製造業であれば，意図的に生産活動を活発化させて製品の製造数量を上げ，1単位当たりの減価償却費の配賦額を下げ，その結果，売上原価を低下させることによって，売上総利益（売上高総利益率）を高くみせていると疑うことも必要であろう。また，単に市場における競争力が強いということも考えられる。売上高総利益率が低い場合，市場競争力が弱く，売上競争上，売上単価を低くしていることも考えられる。

売上高総利益率は，部門別，地域別，商品別などの別に企業の経営管理をすれば，さらに有効な分析をすることができる。

（3）売上高総利益率の実例分析

三浦工業(株)の平成22年度から25年度までの売上高総利益率は，4種平均を上回っており，良好である。全産業平均，製造業平均のそれと比べると，売上高総利益率は，依然として高い。

三浦工業(株)の売上高総利益率の水準は，良好であり，独創的な製品の製造・販売とともに購買管理，生産管理及び原価管理が適切に行われていると推察できる。売上高原価率（1－売上高総利益率）の指標も参考のため掲げた。

三浦工業(株)の平成25年度（平成26年3月期）の売上高総利益率を有価証券報告書の連結財務諸表から算出すると，次のようになる。

$$売上高総利益率 = (1 - \frac{49,939(百万円)}{85,535(百万円)}) \times 100 = 41.62\%$$

第4章 収益性の分析

図表4・7 売上高総利益率（連結）
(%)

産業＼年	平成22年度	平成23年度	平成24年度	平成25年度
全産業平均	23.24	22.17	22.33	22.85
製造業平均	24.21	23.6	23.52	24.65
その他の機械器具平均	30.42	27.92	28.63	30.73
三浦工業(株)	40.64	39.90	41.21	41.62
非製造業平均	21.89	20.26	20.78	20.48

図表4・8 売上高原価率（連結）
(%)

産業＼年	平成22年度	平成23年度	平成24年度	平成25年度
全産業平均	76.76	77.83	77.67	77.15
製造業平均	75.79	76.4	76.48	75.35
その他の機械器具平均	69.58	72.08	71.37	69.27
三浦工業(株)	59.36	60.10	58.79	58.38
非製造業平均	78.11	79.74	79.22	79.52

3．売上高営業利益率

(1) 売上高営業利益率の意義

　売上高営業利益率は，販売活動の売上高と営業利益とを対比して算出される比率で，営業利益を売上高で除して求められる。

　企業のすべての活動のうち，商品の購入・販売・管理活動や製品の製造・販売・管理活動は，収益活動・費用活動そのものである。この活動を営業活動と呼ぶ。

　したがって，売上高営業利益率の営業利益とは，売上総利益から営業活動そのものである販売費及び一般管理費を差し引いて求められる金額のことである。

　しかしながら，このような営業活動の他，営業活動に付随し，支援する形で継続的かつ通常の活動に基づく金融上の活動がある。このような金融上の活動

に基づいて発生した損益は，営業上なくてはならないものであるが，営業活動そのものとは区分し，付随する収益活動・費用活動を示すとして営業外収益・営業外費用（受取利息・支払利息など）として表示される。

図表4・7に示した売上高総利益率が，同業他社と比べて同じであるのにもかかわらず，売上高営業利益率が低い場合，営業活動を示す個別の勘定科目に問題点があるのかを突き止めて，業務管理に役立てる必要がある。

（2）売上高営業利益率の計算式

売上高営業利益率の営業利益とは，営業活動から発生した資産の純増加額のことで，売上高から売上原価・販売費及び一般管理費を差し引いた金額のことで，売上高営業利益率を算出する式は，次のとおりである。

$$売上高営業利益率(\%) = \frac{営業利益}{売上高} \times 100 \qquad (12)$$

営業利益は，売上高－売上原価（売上総利益）－販売費及び一般管理費で算出されるので，この式の分子である営業利益は，次のような内容で構成されている。

$$売上高営業利益率(\%) = \frac{売上高－売上原価－販売費・一般管理費}{売上高} \times 100 \qquad (13)$$

$$= (1－売上原価率－販売費・一般管理費率) \times 100$$

売上高総利益率が同業他社と比べて同程度であるにもかかわらず，売上高営業利益率が同業他社と比べて低い場合，販売費・一般管理費率の水準が高いことを示している。その場合，売上高営業利益率を構成内容から分析し，個別科目ごとにどの科目の割合が同業他社と比べて高いかを分析する必要がある。この指標に基づいて，販売部門及び一般管理部門の改善策を検討することが必要である。

（3）売上高営業利益率の実例分析

三浦工業(株)の売上高営業利益率は，平成22，23年度には，平均4種の利益率も下落している。それでも，三浦工業(株)は，高い水準を維持していること

には変わりはない。売上高営業利益率の良否を判断するには、その変動要因が販売費・一般管理費率にあるのか、それとも売上原価率にあるのかを判断しなくてはならない。

下記の分析によると、売上原価率は、ほぼ一定で推移している。しかし、販売費・一般管理費率をみると、平成25年度（平成26年3月期）までは、平均4種より格段にその比率が高い。従業員数は、ほぼ同じ人数を雇用していることに会社の従業員に対する姿勢があるともいえる。

三浦工業(株)の平成25年度（平成26年3月期）の売上高営業利益率を有価証券報告書の連結財務諸表から算出すると、次のようになる。

$$売上高営業利益率 = \frac{8,965（百万円）}{85,535（百万円）} \times 100 = 10.48\%$$

同様に、売上高販売費・一般管理費率を有価証券報告書の連結財務諸表から算出すると、次のようになる。

$$売上高販売費・一般管理費率 = \frac{26,630}{85,535} \times 100 = 31.13\%$$

図表4・9　売上高営業利益率（連結）

(%)

産業　　　　　　　　　年	平成22年度	平成23年度	平成24年度	平成25年度
全産業平均	5.66	4.72	4.78	5.76
製造業平均	5.63	4.79	4.87	6.14
その他の機械器具平均	9.3	7.77	6.06	8.42
三浦工業(株)	7.51	8.06	9.52	10.48
非製造業平均	5.68	4.64	4.66	5.26

図表4・10　売上高販売費・一般管理費率（連結）

(%)

産業＼年	平成22年度	平成23年度	平成24年度	平成25年度
全産業平均	17.59	17.44	17.56	17.09
製造業平均	18.57	18.81	18.66	18.51
その他の機械器具平均	21.12	21.42	22.57	22.30
三浦工業(株)	33.13	31.84	31.69	31.13
非製造業平均	16.21	15.62	16.12	15.22

4．売上高経常利益率

(1) 売上高経常利益率の意義

　売上高経常利益率は，売上高と経常利益とを対比して求められる比率で，経常利益を売上高で除して算出される。

　企業活動には，営業活動そのものの他，営業活動そのものではないが，営業活動に付随し，支援する形で継続的かつ通常の活動に属する金融上の活動がある。借入の調達コストである金融上の支払利息や，貸付という形の金融サービスに対して受け取った金融上の受取利息などは，営業活動そのものではなく，本来の営業活動に付随する形，あるいは支援する形で継続的に発生する。このような損益は，営業活動そのものとは区別して，営業活動に付随する項目として営業外収益・営業外費用（受取利息・支払利息など）として表示される。

　これらの営業外収益・営業外費用は，すべての営業活動の成果を算出するための構成要素に含められる。

　したがって，経常利益とは，営業活動そのもののである営業利益に，営業活動そのものではないが営業活動に付随もしくは支援する形で継続的に発生する収益活動（営業外収益）を加算し，そこから費用活動（営業外費用）を差し引いて算出された金額のことである。

　しかし，営業活動に完全に関係のない，一時的・臨時に発生する異常な損益

(前期損益修正益，減損損失，自然災害など）の発生がある。この損益を特別利益・特別損失という。これらの損益は，経常利益の計算から除外される。

これらの特別利益・特別損失を経常利益に加算・減算して算出した金額を当期利益（当期純利益・税引前当期純利益）という。

売上高経常利益率は，経営セグメント別，部門別，商品・製品別，さらには販売地域別に企業の経営管理をすれば，さらに有効な分析をすることができる。

（２）売上高経常利益率の計算式

売上高経常利益率を算出する式は，次のとおりである。

$$売上高経常利益率(\%) = \frac{経常利益}{売\ 上\ 高} \times 100 \quad\quad (14)$$

売上高経常利益率は，企業のすべての活動のうち，営業活動そのものに属する損益に営業活動に付随もしくは支援する形で発生した営業外の損益を加減して算出した利益を売上高で除した比率である。したがって，経営者にとっては，正常な経営成果を表す指標であり，当期の正常な収益力をみる場合に最も適切な指標である。この比率が同業他社と比べて低い場合は，売上高総利益率，売上原価率，売上高営業利益率，販売費・一般管理費率，および売上高経常利益率の算定段階の比率を他社の比率と比較して，どの段階の業務を改善すべきかを検討する必要がある。

（３）売上高経常利益率の実例分析

三浦工業(株)の経常利益率は，平均４種と比べても良好である。とくに，売上高営業利益率と売上高経常利益率を比較すると，常に売上高経常利益率の方が高く推移している。このことは，金融活動を主とする営業外活動による収支が黒字であることを示しており，三浦工業(株)の財務運用がバブル崩壊（1990年から1991年）後，他の企業が悪戦苦闘しているにもかかわらず，良好な成果を上げてきたことの証である。

図表 4・11　売上高経常利益率（連結）

(%)

産業＼年	平成22年度	平成23年度	平成24年度	平成25年度
全産業平均	5.46	4.56	4.79	5.99
製造業平均	5.54	4.56	4.84	6.37
その他の機械器具平均	9.37	7.94	6.88	9.08
三浦工業(株)	8.62	9.39	11.33	12.04
非製造業平均	5.35	4.57	4.71	5.49

　三浦工業(株)の平成25年度（平成26年3月期）の売上高経常利益率を有価証券報告書の連結財務諸表から算出すると，次のようになる。

$$売上高経常利益率 = \frac{10,298（百万円）}{85,535（百万円）} \times 100 = 12.04\%$$

5．売上高当期利益率

(1) 売上高当期利益率の意義

　売上高当期利益率は，企業の売上高と処分可能な最終成果である利益とを対比させて，算出される指標である。

　企業には，企業活動を継続させていくうえで，避けて通ることのできない，一時的かつ異常な形で発生する臨時の特別利益・特別損失（固定資産売却益，前期損益修正益・減損損失，災害による損失，前期損益修正損など）がある。売上高当期利益率の当期利益とは，通常発生する経常利益にこのような一時的・臨時の特別利益を加算し，そこから一時的・臨時の特別損失を差し引いた税引前当期純利益から法人税・住民税・事業税を控除した企業の最終成果を示す当期の処分可能利益額（当期利益）のことである。

　企業経営者は，これらの特別利益・特別損失の発生を含めて経営を管理しなければならない最高責任者であるとする見解からすれば，当期利益は，企業経

営者の経営責任を示す最終成果の意味をもつことになる。株主からすれば、当期利益は、株主総会に提案される配当金額を含め、利益準備金・役員賞与金・任意積立金など具体的に当期に発生した処分可能な原資の意味をもつことになるので、配当などの指標として、売上高当期利益率に関する株主の関心が高いことはいうまでもないことである。

売上高経常利益率の値が同業他社と同じであるのに、売上高当期利益率が低い場合は、他社と自社の特別利益・特別損失に対する過去の実績の比較を含めて、特別利益・特別損失の内容を検討することが必要である。

当期利益は、金融商品取引法によれば「当期純利益」と、会社法によれば「当期純利益金額」と表示される。内容から税引後当期純利益と呼ばれることも多い。

（2）売上高当期利益率の計算式

売上高当期利益率は、次の式で求められる。

$$売上高当期利益率(\%) = \frac{当期純利益}{売上高} \times 100 \tag{15}$$

売上高当期利益率が他社と比べて低い場合、これまで述べた売上高総利益率、売上原価率、売上高営業利益率、販売費・一般管理費率、売上高経常利益率などの算定段階の比率を分析して、どの段階の業務を改善すべきかを検討する必要がある。

（3）売上高当期利益率の実例分析

平成22年度（平成23年3月期）の売上高当期利益率は、すべての産業で減少している。その直接的原因は、固定資産の売却・除却を進めたことにより特別損失の発生を増加させたことによるが、その原因をつくったのは、リーマンショックにあると思われる。

三浦工業(株)の売上高当期利益率は、平均4種に比べて高い水準を維持している。この数値は、経営全般に対する管理・運営が適切に行われているという

図表4・12　売上高当期利益率（連結）

(%)

産業＼年	平成22年度	平成23年度	平成24年度	平成25年度
全産業平均	2.60	1.86	2.22	3.61
製造業平均	2.90	1.82	2.22	3.88
その他の機械器具平均	5.68	3.81	3.41	5.70
三浦工業(株)	4.51	4.80	6.64	7.35
非製造業平均	2.16	1.92	2.23	3.27

ことの証明である。株主にとっても経営者にとっても，満足のいくものであろう。

　三浦工業(株)の平成25年度（平成26年3月期）の売上高当期利益率を有価証券報告書の連結財務諸表から算出すると，次のようになる。

$$売上高当期利益率 = \frac{6,288 (百万円)}{85,535 (百万円)} \times 100 = 7.35\%$$

第5章
キャッシュ・フローの分析

　わが国のディスクロージャー制度の存在意義については，2006（平成18）年12月に公表された「財務会計の概念フレームワーク（討議資料）」において，「企業の将来を予測するうえで，企業の現状に関する情報は不可欠である。投資家と経営者の間には一般に大きな格差があるので，情報開示が不十分にしか行われないと，企業の発行する株式や社債などの価値を推定する際に投資家が自己責任を負うことができない。また，証券の円滑な発行・流通が妨げられることにもなる。このような格差をなくして，市場の機能障害をおこさせないためにも，経営者による私的情報の開示を促進するのがディスクロージャー制度の存在意義である。（筆者要約）」とされている。

　貸借対照表，損益計算書に加え，キャッシュ・フロー計算書は，「連結キャッシュ・フロー計算書等の作成基準の設定に関する意見書」（企業会計審議会　平成10年3月）によると，「一会計期間におけるキャッシュ・フローの状況を一定の活動区分別に表示するものであり，貸借対照表及び損益計算書と同様に企業活動全体を対象とする重要な情報を提供するものである。」とされ，投資意思決定等の経済的意思決定を行うための有用な会計情報を提供する重要な役割を担っている。

　本章では，キャッシュ・フロー計算書の構成と企業の発展性の観点からキャッシュ・フロー計算書の分析について解説する。

第1節　キャッシュ・フロー分析の意義

　キャッシュ・フロー計算書は，現金及び現金同等物を資金概念として作成され，一定期間における企業への資金の流入（cash-inflow），資金の流出（cash-outflow）により資金の流れを示す。

　キャッシュ・フロー計算書により，企業のキャッシュ（現金及び現金同等物）を創出する能力などを明らかにすることができる。キャッシュ・フロー計算書の資金概念は，現金及び現金同等物であり直接的な支払手段として有用な資金情報を提供するものである。

　1997（平成9）年6月，企業会計審議会から「連結財務諸表制度の見直しに関する意見書」が公表され，国際的に遜色のないディスクロージャー制度を構築するなかで，連結ベースでのキャッシュ・フロー計算書の導入が図られた。また，連結キャッシュ・フロー計算書の導入にともない，同意見書では，個別ベースでの資金収支表の廃止も検討された。前述したように国際的なディスクロージャー制度の要請に応えたものであるといえる。

　キャッシュ・フロー計算書は，一定期間におけるキャッシュ・フローを「営業活動によるキャッシュ・フロー」，「投資活動によるキャッシュ・フロー」，「財務活動によるキャッシュ・フロー」の3つの区分に分けて表示することにより財務諸表の1つとして，その役割を果たすものである。

第2節 キャッシュ・フロー分析

1．キャッシュ・フロー対流動負債比率

（1）キャッシュ・フロー対流動負債比率の意義

　キャッシュ・フローによって流動負債に対する支払能力を示す比率である。この比率が高いほど，その企業は支払能力に富んでいることを意味する。たとえば，この比率が100％，または100％以上であれば，流動負債は，当期の営業活動によるキャッシュ・フローによって返済可能である，という判断ができる。その意味では，この比率は，第3章第2節で説明された流動比率や当座比率に類似している。流動比率や当座比率などは，一定時点における財政状態を表示する貸借対照表分析に用いられるが，営業活動によるキャッシュ・フロー対流動負債比率は，一定期間におけるキャッシュの動きを示すキャッシュ・フロー分析に用いられる。流動比率は，流動資産によって流動負債の返済がどの程度可能であるかを判断しようとするものであるが，営業活動によるキャッシュ・フロー対流動負債比率は，企業が生み出した当期の営業活動によるキャッシュ・フローによって，短期の支払勘定を含めて流動負債の返済がどの程度可能か判断しようとするものである。

　流動比率とキャッシュ・フロー対流動負債比率は，短期負債についての返済可能性の程度を測る点では類似しているが，一定時点の流動負債に基づいた指標と一定期間に生み出された営業活動によるキャッシュ・フローに基づいた指標という点で，重要な差異がある。しかし，いずれの指標も企業の短期支払能力を判断するためには重要な比率である。キャッシュ（現金預金）自体が即時に支払可能な手段であるため，営業キャッシュ・フロー対流動負債比率は，企業が将来どの程度新たな借入れが可能かといった短期の財務戦略を立てるうえでも，企業の将来発展性を分析する手段として有用な比率である。

（2）営業活動によるキャッシュ・フロー対流動負債比率の計算式

営業活動によるキャッシュ・フロー対流動負債は，以下の計算式で求められる。

$$営業活動によるキャッシュ・フロー対流動負債比率(\%) = \frac{営業活動によるキャッシュ・フロー}{流動負債} \times 100 \quad (1)$$

（3）営業活動によるキャッシュ・フロー対流動負債比率の実例分析

同業3社比較を行うため，ボイラー，ポンプ等の製造メーカーである，三浦工業(株)，(株)タクマ，(株)荏原製作所の有価証券報告書データを実例として分析を行う。三浦工業(株)の平成25年度（平成26年3月期）の営業活動によるキャッシュ・フロー対流動負債比率は，次のように計算される。

$$営業活動によるキャッシュ・フロー対流動負債比率(\%) = \frac{8,521（百万円）}{22,503（百万円）} \times 100 = 37.87(\%)$$

図表5・1は，本章の分析に利用する実例データとして，三浦工業(株)，(株)タクマ，(株)荏原製作所，の平成24年度（平成25年3月期），平成25年度（平成26年3月期）の有価証券報告書による3社のキャッシュ・フローデータを示したものである。さらに，図表5・2の分析結果から，3社を比較すると営業活動によるキャッシュ・フロー対流動負債は，三浦工業(株)が高く，営業活動によるキャッシュでの支払能力に優れていることがわかる。短期の支払能力を分析する指標としては，流動比率，当座比率などの指標もあるが，キャッシュ・フロー計算書上の数値で分析すれば，流動負債に対する支払能力がより明らかになる。

なお，キャッシュ・フロー計算書においては，フリーキャッシュ・フローの金額も企業を分析するうえでは注目される。

フリーキャッシュ・フローは，以下の式で求められる。

第5章 キャッシュ・フローの分析

図表5・1 キャッシュ・フローの状況（連結）

(百万円)

	三浦工業(株)		(株)タクマ		(株)荏原製作所	
	平成24年度	平成25年度	平成24年度	平成25年度	平成24年度	平成25年度
営業活動による キャッシュ・フロー	7,190	8,521	17,464	8,269	34,014	26,615
投資活動による キャッシュ・フロー	△6,113	△4,681	△58	△1,430	△33,130	3,540
財務活動による キャッシュ・フロー	△3,542	△1,581	△8,887	△5,866	3,265	△25,336
現金及び現金同等物 の期末残高	13,256	16,922	26,004	27,079	93,792	102,341

図表5・2 キャッシュ・フロー対流動負債比率（連結）

三浦工業㈱ (百万円)

	平成24年度	平成25年度
営業活動によるキャッシュ・フロー	7,190	8,521
流動負債	19,024	22,503
キャッシュ・フロー対流動負債比率	37.79%	37.87%

㈱タクマ (百万円)

	平成24年度	平成25年度
営業活動によるキャッシュ・フロー	17,464	8,269
流動負債	56,959	52,501
キャッシュ・フロー対流動負債比率	30.66%	15.75%

㈱荏原製作所 (百万円)

	平成24年度	平成25年度
営業活動によるキャッシュ・フロー	34,014	26,615
流動負債	245,730	237,400
キャッシュ・フロー対流動負債比率	13.84%	11.21%

$$\text{フリーキャッシュ・フロー} = \text{営業活動によるキャッシュ・フロー} + \text{投資活動によるキャッシュ・フロー} \quad (2)$$

フリーキャッシュ・フロー＝8,521（百万円）－4,681（百万円）＝3,840（百万円）

投資活動によるキャッシュ・フローは通常マイナスになることが多い。

フリーキャッシュ・フローは，企業が株主への配当や，借入金の返済などの原資となるもので，高いほど経営状態が良いと判断されるが，経営戦略上，積極的な投資を行っている場合は，マイナスの数値となる場合もあるので，総合的な判断が必要である。ここで，3社のフリーキャッシュ・フローは図表5・3のとおりである。

図表5・3　3社フリーキャッシュ・フロー（連結）

フリーキャッシュ・フロー　　　　　　　（百万円）

	平成24年度	平成25年度
三浦工業㈱	1,077	3,840
㈱タクマ	17,406	6,839
㈱荏原製作所	884	30,155

2．営業活動によるキャッシュ・フロー対売上高比率

（1）営業活動によるキャッシュ・フロー対売上高比率の意義

売上高総利益率や売上高経常利益率が，企業の収益性を判断するうえで重要な分析指標であった。営業活動によるキャッシュ・フロー対売上高比率（キャッシュ・フローマージン率ともいう）は，営業活動によって獲得されたキャッシュの観点から収益性を分析するうえで重要な分析指標である。

売上総利益や経常利益は，発生主義会計のシステムをとおして計算された数値であるが，キャッシュ・フローの数値は，直接法による売上収入や仕入支払のように現金主義的会計のシステムをとおして計算された数値であるため，現金主義的会計思考の特徴をもっている。直接法によって売上収入を求める場合

には，当期の発生主義による売上高に，前期繰越の売上債権は現金預金で回収されたものとして加算し，当期の売上債権は回収されないので減算する。仕入支払についても，当期の純仕入高に前期繰越の仕入債務は現金預金で支払ったものとして加算し，当期の仕入債務は支払っていないので減算する。

間接法の場合は，純利益に現金の当期支出をともなわない減価償却費や減損損失等を加算する。

このように現金預金の回収・支払を加算，減算することによって，営業活動によるキャッシュ・フロー対売上高比率を求めることは，発生主義会計思考の下で計算された売上高経常利益率などと比較することによって，企業の発展可能性を予測するうえで有用な指標となる。

（2）営業活動によるキャッシュ・フロー対売上高比率の計算式

営業活動によるキャッシュ・フロー対売上高比率は，以下の計算式で求められる。

$$営業活動によるキャッシュ・フロー対売上高比率(\%) = \frac{営業活動によるキャッシュ・フロー}{売上高} \times 100 \quad (3)$$

（3）営業活動によるキャッシュ・フロー対売上高比率の実例分析

ここでも，三浦工業(株)，(株)タクマ，(株)荏原製作所の有価証券報告書データを用いて比較する。

$$営業活動によるキャッシュ・フロー対売上高比率(\%) = \frac{8,521(百万円)}{85,535(百万円)} \times 100 = 9.96(\%)$$

営業活動によるキャッシュ・フロー対売上高比率は，企業の収益性を分析する売上高経常利益率と同様に高い方がよいとされる。キャッシュ・フロー計算書の金額によって算出された比率は，より実質的な収益性を表すものとされる。

図表5・4 営業活動によるキャッシュ・フロー対売上高比率と売上高経常利益率（連結）

三浦工業㈱　　　　　　　　　　　　　　　　　　（百万円）

	平成24年度	平成25年度
売上高	78,157	85,535
経常利益	8,859	10,298
営業活動によるキャッシュ・フロー	7,190	8,521
キャッシュ・フロー対売上高比率	9.20%	9.96%
売上高経常利益率	11.33%	12.04%

㈱タクマ　　　　　　　　　　　　　　　　　　　（百万円）

	平成24年度	平成25年度
売上高	96,383	96,333
経常利益	7,168	9,449
営業活動によるキャッシュ・フロー	17,464	8,269
キャッシュ・フロー対売上高比率	18.12%	8.58%
売上高経常利益率	7.44%	9.81%

㈱荏原製作所　　　　　　　　　　　　　　　　　（百万円）

	平成24年度	平成25年度
売上高	426,302	448,657
経常利益	25,663	31,311
営業活動によるキャッシュ・フロー	34,014	26,615
キャッシュ・フロー対売上高比率	7.98%	5.93%
売上高経常利益率	6.02%	6.98%

3．1株当たりキャッシュ・フロー

　1株当たりに対して分析する意義は，株式の投資価値を測定することにある。1株当たりの利益額を示す「1株当たり当期純利益（EPS: Earnings Per Share）」や1株当たりの持ち分を示す「1株当たり純資産額（BPS: Book-

図表5・5　3社の発行済株式総数
(千株)

	平成24年度	平成25年度
三浦工業㈱	41,763	41,763
㈱タクマ	87,799	87,799
㈱荏原製作所	465,118	465,187

図表5・6　1株当たりキャッシュ・フロー3社比較（連結）
(円)

	平成24年度	平成25年度
三浦工業㈱	25.79	91.95
㈱タクマ	198.25	77.89
㈱荏原製作所	1.90	64.82

value Per Share)」などがある。1株当たりキャッシュ・フロー（CFPS: Cash-Flow Per Share）は，1株が創出したキャッシュを示す。キャッシュ・フローの金額は，営業活動によるキャッシュ・フロー，またはフリーキャッシュ・フローの金額を用いる場合もあれば，当期純利益に減価償却費を加えた簡易キャッシュ・フローを用いる場合もある。

1株当たりキャッシュ・フローは，以下の計算式で求められる。

$$1株当たりキャッシュ・フロー(円) = \frac{キャッシュ・フロー}{発行済株式数} \quad (4)$$

図表5・6は，三浦工業(株)，(株)タクマ，(株)荏原製作所の1株当たりキャッシュ・フローである。ここでは，キャッシュ・フローの値に，フリーキャッシュ・フローを用いる。

$$1株当たりキャッシュ・フロー(円) = \frac{8,521(百万円) - 4,681(百万円)}{41,763(千株)}$$
$$= 91.95円$$

第3節　キャッシュ・フロー経営

　以上，キャッシュ・フロー計算書のデータに基づいた分析指標から，3社の実例を用いて比較してきたが，企業の経営状態を分析するには，貸借対照表，損益計算書，キャッシュ・フロー計算書等の公表されたデータから総合的に判断する必要がある。

　財務諸表や財務データから求められた比率は，収益性，安全性，健全性，成長性，効率性，生産性等の側面から導き出された数値であり，それぞれが意味をもった比率である。

　キャッシュ・フロー計算書からの分析は，キャッシュの流入出という側面からその比率が求められるもので，企業の支払能力を直接的に知るためには有効である。また，企業の将来発展可能性を分析するためには，その企業がどれだけの収益性を確保し，研究開発や設備投資においてキャッシュ・フローが確保できているのか否かを見極めることが重要である。

　本章で取り上げた分析指標以外に，図表5・7に掲げる指標があるので，有価証券報告書のデータ等から計算し，企業の発展可能性を検証して頂きたい。

図表5・7　その他の分析指標

①　設備投資額対キャッシュ・フロー比率 $$\frac{設備投資額}{営業活動によるキャッシュ・フロー} \times 100(\%)$$ 設備投資額＝有形固定資産の取得による支出－有形固定資産の売却による収入 営業活動によるキャッシュ・フローのうち，どれだけが設備投資にあてられているかをみる指標である。
②　営業活動によるキャッシュ・フロー対投資キャッシュ・フロー比率 $$=\frac{営業活動によるキャッシュ・フロー}{投資活動によるキャッシュ・フロー} \times 100(\%)$$

第5章　キャッシュ・フローの分析

・営業活動によるキャッシュ・フローがプラス，投資活動によるキャッシュ・フローがマイナスの場合

　100％を超えると営業活動によって創出されたキャッシュが投資活動に利用されたり，財務活動にも利用され，残高がキャッシュとして保有されている。

　100％より低い場合は，営業活動によって創出されたキャッシュ以外に，財務活動によるキャッシュ・フローや，保有していたキャッシュの流出があったと考えられる。

・営業活動によるキャッシュ・フローがマイナス，投資活動によるキャッシュ・フローがプラスの場合

　100％より低い場合は，営業活動によるキャッシュの不足を投資の回収によるキャッシュによって補ったことを示す。

　100％より高い場合は，営業活動によるキャッシュの不足を投資活動によるキャッシュ・フローや期首キャッシュの残高によって補っていることを示す。

③　営業活動によるキャッシュ・フロー対財務活動によるキャッシュ・フロー比率

$$=\frac{営業活動によるキャッシュ・フロー}{財務活動によるキャッシュ・フロー}\times 100(\%)$$

・営業活動によるキャッシュ・フローがプラス，財務活動によるキャッシュ・フローがマイナスの場合

　100％より高い場合は，営業活動により創出されたキャッシュが財務活動に投下され，さらに投資活動にも投下された後，キャッシュの期末残高に保有されている。

　100％より低い場合は，営業活動によるキャッシュ・フロー，投資活動によるキャッシュ・フローが財務活動に投下されたと考えられる。

・営業活動によるキャッシュ・フローがマイナスで，財務活動によるキャッシュ・フローがプラスの場合

　100％より低い場合は，財務活動によるキャッシュ・フローが営業活動によるキャッシュ・フローを補い，投資活動に投下されたり，期末キャッシュの残高として保有されていることがわかる。

　100％より高い場合は，営業活動によるキャッシュ・フローの不足が財務活動によるキャッシュ・フロー，投資活動によるキャッシュ・フロー，期首保有キャッシュにより補われたことがわかる。

④　自己資本営業キャッシュ・フロー比率

$$\frac{営業活動によるキャッシュ・フロー}{自己資本}\times 100(\%)$$

自己資本から営業活動によるキャッシュ・フローがどれだけ創出されているかをみる指標であり，この比率が高いほどキャッシュ・フローの創出力が高く，また資本効率が良好であるといえる。

出所：染谷恭次郎『キャッシュ・フロー会計論』中央経済社，1999年，pp.264-273をもとに筆者作成。

第6章
損益分岐点分析

第1節　損益分岐点分析の意義

　損益分岐点分析とは，一般に，収益と費用とが一致し，利益も損失も発生しない売上高を見いだすことをいう。そして，損益分岐点分析は，その分析結果の利用目的から狭義と広義の2つの意味をもつ。

　前者の狭義の意味での損益分岐点分析は，収益と費用とが等しくなる売上高，すなわち，費用が回収される売上高（収益によって費用が回収される売上高），利益も損失も生じない売上高（利益と損失との分かれ目となる売上高）を見いだすことである。つまり，売上高が損益分岐点以下になると損失が生じ，売上高が損益分岐点以上になると利益が生じることになる。このように狭義の意味における損益分岐点分析は，費用が回収され採算がとれる売上高を見いだすので，損益分岐点や採算点を把握するものだといえる。

　後者の広義の意味での損益分岐点分析は，売上高・費用・損益の関係，すなわち採算関係を分析することである。この意味での損益分岐点分析は，一定の売上高をあげるためには費用がどれだけ発生し，損益がいくらになるかについて分析したり，また一定の利益をあげるには売上高をどれだけにしなければならないか，費用はどれだけに抑えなければならないかについて分析するものである。また，売上高・費用・損益の関係を分析するので，この広義の意味での

損益分岐点分析は,「CVP分析」ともいわれる。

このように,損益分岐点分析は,狭義の意味では損益分岐点,採算点を見いだし,広義の意味では採算関係を分析するものである。しかし,狭義の意味での損益分岐点分析は,費用が回収され,損益がゼロとなるような売上高がいくらになるかを求めるため,広義の意味での損益分岐点分析の一側面として理解することもできる。

上記を踏まえ,損益分岐点分析には多様な利用方法がある。企業外部の利害関係者は,損益分岐点の売上高を知り,現在の売上高と比べることによって経営の収益性,安全性,不況に対する抵抗力,採算の動向などを知ることができる。

また,企業内部の利害関係者は,利用範囲はきわめて広く,①企業の経営に必要な目標利益を達成するために売上高をいくらにするか（目標利益達成売上高）,費用をどのくらいに抑える必要があるか,②企業はどこまで売上高の減少に対応できるか,③費用の節減は利益にどのような影響を与えるかなど,利益戦略,利益計画,販売戦略,価格政策,生産計画,設備投資計画などに必要な情報を得ることができる。

1．損益分岐点の求め方

公表されている財務諸表では,固定費と変動費（詳しくは第2節参照）とに区分された原価情報を要請していないので,損益分岐点分析に必要な固定費と変動費との詳細な原価情報を得ることは困難である。

したがって,公表財務諸表から損益分岐点分析を行うには,あらかじめ各勘定科目について事前に統一的に固定費と変動費に区分しておく必要がある。しかし,ある企業では固定費とみなされるものでも,他の企業では変動費とすることが妥当であったり,また,統計的に多数の企業の費用を分析すると変動費とすることが妥当な費用もある。

公表財務諸表から固定費と変動費へ区分する場合,変動費を商品売上原価,

材料費,労務費,外注加工賃および消耗品などの合計額とし,固定費をその他の製造原価,販売費及び一般管理費などの合計額とするのが一般的である。また,費用を変動費と固定費とに分解することに限界があるので,典型的なものだけを変動費とし,残りは固定費とみなして行うこともある。したがって,この固定費と変動費との区分は,必ずしも個々の企業の固定費と変動費に適合するとはいえないが,企業の収益性を表す有意義な経営指標として活用できる。

損益分岐点の求め方は,図表をつくって求める方法と,公式で求める方法がある。ここでは,理解しやすいように,図表による損益分岐点の求め方をまず取り上げ,次に公式による求め方を取り上げることにする。

（1）図表による損益分岐点の求め方

損益分岐点は,図表によって求めることができる。この図表6・1を「損益分岐点図表」や「利益図表」という。

利益図表の作成方法は,
① 横軸を売上高,縦軸を売上高・費用・損益とし,原点から対角線を引く。これが売上高線である。
② 横軸に並行に固定費線を引く。
③ 変動費線を固定費の上に引く。この固定費と変動費の合計が総費用線である。
④ 売上高線と総費用線との交点が損益分岐点である。

売上高が損益分岐点と等しくなる点では損益はゼロとなり,この損益分岐点よりも売上高が上回れば,売上高が総費用の額を超え利益が生じ,逆に,売上高が総費用を下回ると損失が生じることになる。

この図表6・1の売上高がゼロの時点では,固定費だけが発生する。すなわち,固定費は,売上高にかかわらず発生する点に特徴がある。そして,この図表から固定費を回収できる売上高はどのくらいかがわかる。さらに,売上高と比例的に発生する変動費を加えた総費用を回収できる売上高もわかる。

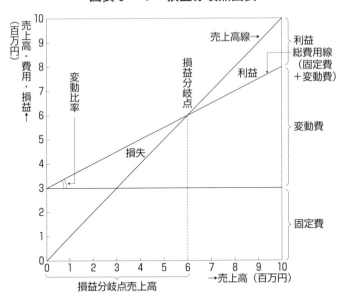

図表6・1 損益分岐点図表

(ケース1) A社の当期の実績は，次のとおりである。

売 上 高	10,000,000	総 費 用	8,000,000
変 動 費	5,000,000	固 定 費	3,000,000
販売単価	1,000	販売数量	10,000
目標利益	1,000,000		

(2) 損益分岐点の計算式・実例分析

　ここからは，実際に数値を当てはめ，実例分析を行っていく。まず，損益分岐点売上高とそこにおける販売数量（損益分岐点販売量）の求め方について述べ，その応用となる目標利益達成売上高や損益分岐点比率，経営安全率についても解説する。

　損益分岐点は，次の公式により求めることができる。

第6章　損益分岐点分析

$$\text{損益分岐点売上高(円)} = \frac{\text{固定費}}{\text{限界利益率}} = \frac{\text{固定費}}{1-\text{変動費率}} = \frac{\text{固定費}}{1-\dfrac{\text{変動費}}{\text{売上高}}} \quad (1)$$

　公式の分母は，いずれも限界利益率を表す（限界利益率を求める式の変形）。限界利益は，売上高から変動費を差し引いた値（粗利）であり，限界利益率は売上高に対する限界利益の割合（限界利益÷売上高）である。また，変動費率は売上高に対する変動費の割合（変動費÷売上高）を表す。分母にみられる，1は売上高を100％として考えていることを意味している。限界利益については，詳しく後述する。

　ケース1の値を当てはめると下記のとおりになる。なお，以下実例分析はケース1の値を用いる。

$$\text{損益分岐点売上高(円)} = \frac{3,000,000円}{1-\dfrac{5,000,000円}{10,000,000円}} = 6,000,000円$$

売上高でなく，損益分岐点に達する売上個数を求める場合は，以下の公式を用いる。

$$\text{損益分岐点販売量(個)} = \frac{\text{固定費}}{\text{販売単価}-\dfrac{\text{変動費}}{\text{販売数量}}} \quad (2)$$

図表6・2　各費用の関係

売上高	変動費	
	限界利益	固定費
		利益

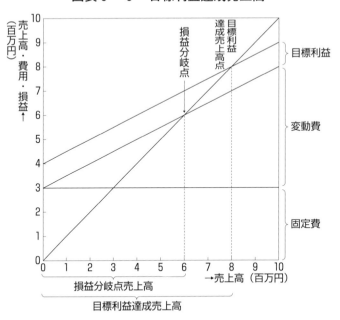

図表6・3　目標利益達成売上高

$$損益分岐点販売量(個) = \frac{3,000,000円}{1,000円 - \frac{5,000,000円}{10,000個}} = 6,000個$$

もしくは，先に損益分岐点売上高を求め，販売単価で割ってもよい。

$$損益分岐点販売量(個) = \frac{損益分岐点売上高(円)}{販売単価(円)} \quad (3)$$

$$損益分岐点販売量(個) = \frac{6,000,000円}{1,000円} = 6,000個$$

また，損益分岐点分析では，目標利益を達成するための売上高および経営安全率を求めることが可能である。

$$\text{目標利益達成売上高(円)} = \frac{\text{固定費}+\text{目標利益}}{\text{限界利益率}} = \frac{\text{固定費}+\text{目標利益}}{1-\text{変動費率}} \quad (4)$$

$$= \frac{\text{固定費}+\text{目標利益}}{1-\dfrac{\text{変動費}}{\text{売上高}}}$$

上記式より,損益分岐点売上高を求める式の分子に,それぞれ目標利益が加えられていることがわかる。つまり,損益分岐点を目標利益分上昇させており,計算で得られた売上高に到達すれば目標利益が達成される。

$$\text{目標利益達成売上高(円)} = \frac{3{,}000{,}000\text{円}+1{,}000{,}000\text{円}}{1-\dfrac{5{,}000{,}000\text{円}}{10{,}000{,}000\text{円}}} = 8{,}000{,}000\text{円}$$

一方,次期の目標利益が金額ではなく,売上高に対する割合(目標利益率)で与えられる場合には,以下の式を用いて目標利益達成売上高を計算する。

$$\text{目標利益達成売上高(円)} = \frac{\text{固定費}}{\text{限界利益率}-\text{目標利益率}} \quad (5)$$

$$= \frac{\text{固定費}}{(1-\text{変動費率})-\text{目標利益率}}$$

$$= \frac{\text{固定費}}{\left(1-\dfrac{\text{変動費}}{\text{売上高}}\right)-\text{目標利益率}}$$

上記式より,限界利益率から目標利益率を差し引いていることがわかる。目標利益率を30%として,ケース1を当てはめて計算した式を例示する。

$$\text{目標利益達成売上高(円)} = \frac{3{,}000{,}000\text{円}}{\left(1-\dfrac{5{,}000{,}000\text{円}}{10{,}000{,}000\text{円}}\right)-0.3} = 15{,}000{,}000\text{円}$$

さらに,損益分岐点比率および経営安全率を求める場合には,下記の公式より求められる。

$$損益分岐点比率（％）＝\frac{損益分岐点売上高}{売上高}×100 \qquad (6)$$

　損益分岐点比率は，損益分岐点売上高を実際売上高で割った比率である。これは，売上高が損益分岐点・採算点をどの程度上回っているかにより，経営の安全度をみるものである。この比率は低いほど経営が安全であり，この比率が100％を超えると赤字経営である。この比率の改善には，売上高の増大を図るか，変動費の引下げか，固定費の引下げか，あるいはそれらの組合せによる改善が必要である。この比率の分数を逆にして，損益分岐点売上高に対する実際売上高を「損益分岐点安全度」という。

$$損益分岐点比率（％）＝\frac{6,000,000}{10,000,000}×100＝60％$$

　また，損益分岐点売上高を上回る売上高と実際売上高との比率を「経営安全率」という。経営安全率は，損益分岐点の売上高と実際売上高との差額が実際売上高に占める割合を表す比率である。つまり，利益ゼロの値までの余裕であり，たとえば，この経営安全率が25％だとすれば，売上高が25％減少しても赤字経営にならないことを示す。したがって，この比率は，高いほど経営は安定していると判断でき，また不況に対しても耐える力をもっていると判断できる。

$$経営安全率（％）＝\frac{実際売上高－損益分岐点売上高}{実際売上高}×100 \qquad (7)$$

$$＝1－\frac{損益分岐点売上高}{実際売上高}×100$$

$$経営安全率（％）＝\frac{10,000,000円－6,000,000円}{10,000,000円}×100＝40％$$

第2節　固定費と変動費

1．固定費と変動費の意義

　損益分岐点分析の前提として，すべての費用を操業度との関係から固定費と変動費とに分類する必要がある。

　操業度とは，一般に，経営能力を一定とした場合の，一定期間における企業の経営能力，生産能力の利用度をいう。操業度は「稼働率」ともいわれ，その尺度としては，物理的尺度と金額的尺度が使用される。

　前者の物理的尺度としては，直接作業時間，機械運転時間，主要原材料の消費量，生産量，販売量などが使用され，後者の金額的尺度としては，間接費を除いた製造費，製品・商品の売上高などが使用される。財務諸表分析では，操業度としては，一般に売上高が利用される。

　変動費は，「可変費」ともいわれ，売上高や生産量が増えれば変動費も増え，反対に，売上高や生産量が減れば変動費も減るというように，売上高や生産量の増減に応じて，比例的に発生する費用である。

　また変動費は，売上高や生産量の増減にともない発生額は増減するが，製品1単位当たりの金額は一定である。変動費には，売上原価，売上原価を構成する材料費労務費，外注加工賃，販売費を構成する販売手数料や支払運賃がある。

　固定費は，「不変費」ともいわれ，売上高や生産量の増減に関係なく，一定期間に一定額が発生する費用である。固定費は，生産能力を準備するための費用なので，「生産能力費」あるいは「準備費」ともいわれる。また，一定の期間に対して発生するので，「期間費用」または「時間費」ともいう。

　固定費は，その性格から，一般に，能力費，組織費，政策費の3つに分けられる。能力費は，減価償却費，固定資産税，保険料などのように物的設備の導入にともなって発生する費用で，発生原因と発生額が確定している決定済み費

用である。組織費は，人件費など人事計画にともなって発生する費用で，その計画の実施とともに発生額が決まる費用である。政策費は，広告宣伝費，試験研究費などで経営者の意思決定にともなって一定額が発生する費用である。

　固定費は，図表6・4のように，売上高の増減に関係なく一定額が発生するが，製品単位当たりの金額は，販売量が少なければ単位当たりの固定費は多くなり，販売量が多くなれば単位当たりの固定費は少なくなる。

　費用は，固定費と変動費とに一応は区分されるが，固定費と変動費とに明確に区分される費用のほかに，実際には，固定費と変動費の両面の性質を部分的にもった費用など多様な発生形態の費用がある。たとえば，電力科，ガス料などのように，売上高や生産量とは関係なく一定額の費用が発生し，そのうえに売上高や生産量の増減に比例して発生する費用がある。このような費用を「準変動費」という。

　また，監督者給料，間接工賃金などのように，一定の売上高や生産量の範囲で一定額が発生するが，その一定範囲を超えると急増し，そこでまた一定額が発生する費用がある。このような費用を「準固定費」という。図表6・5に，準変動費および準固定費の代表的なイメージを示す。

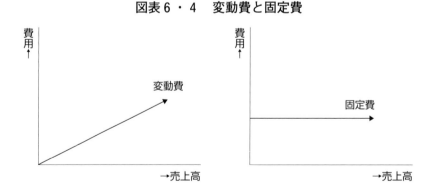

図表6・4　変動費と固定費

図表6・5　準変動費と準固定費

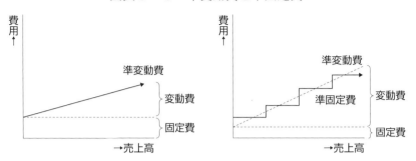

2．固定費と変動費の分解方法

　損益分岐点分析は，費用を変動費と固定費とに区分しないと分析できないので，費用を変動費と固定費とに区分する必要がある。変動費と固定費とに分け，その金額を求めることを「費用の分解」という。準変動費および準固定費を含めて費用を分解する方法には，次のような方法がある。

　①勘定科目法（個別費用法，記帳技術法）

　②総費用法（二期間比較法）

　③撒布図表法（スキャッター・グラフ法）

　④最小二乗法

　⑤IE法

　固定費と変動費との費用の分解は，これらの方法のいずれか，または併用して行われる。併用による場合は，一般には，勘定科目法により各費用を変動費，固定費，準変動費および準固定費に分け，次に準変動費および準固定費を撒布図表法（スキャッター・グラフ法），最小二乗法などで変動費と固定費とに分解する方法が用いられている。

　ここでは，費用の分解法として多く用いられている勘定科目法，総費用法，撒布図表法および最小二乗法を取り上げることにする。

(1) 勘定科目法

　勘定科目法は、「個別費用法」、「帳簿技術法」ともいわれ、まず、現在使用している勘定科目を個々に精査して変動費群と固定費群とに大別する。次に各科目の金額をそれぞれ集計して、総固定費と総変動費を算定する。変動費は売上高で除して変動費率を求める方法である。なお、準変動費および準固定費を変動費と固定費とに分解する場合には、次のような方法が用いられる。

① 要素別分解法：賃金・給料などの複合費用は、固定給分は固定費に、能率給分は変動費に、というように費用要素ごとに分解する。

② 定額控除法：電力費、水道料などの準変動費は、基本料金を固定費に、これを控除した残額を変動費とする。

③ 比率按分法：法定福利費などのような付帯費用は、そのもととなる費用、この場合は賃金・給料の固定費と変動費との比率と同一比率で、固定費と変動費とに按分する。

④ 折半法：雑費のようにその費用の内容が不明の費用は、半額ずつ固定費と変動費に分ける。

⑤ みなし法：固定費に近い内容のものは固定費とみなし、変動費に近い内容のものは変動費とみなす。

(2) 総費用法

　総費用法は、勘定科目法が個別の勘定科目・費目によって変動費と固定費とに分解する方法なのに対して、個別の勘定科目・費目でなく、費用総額を変動費と固定費とに分解する方法である。この方法での費用の分解方法は、2期間の売上高と費用をそれぞれ対比させて、それぞれの増減額を求める。次に費用の増減額を売上高の増減額で除して、変動費率を求める。この変動費率で当期の売上高を乗じると変動費が計算される。そして、総費用から変動費を控除することにより容易に固定費を求めることができる。

(3) 撒布図表法(スキャッター・グラフ法)

　撒布図表法は,二次元平面上に各月の売上高とこれに対する総費用を表す点をプロットし,これらの点の中央を貫くように近似直線(総費用線)を引く方法である。この直線と縦軸との交点までの高さを固定費とし,この直線の勾配が変動費率を示す。

　この撒布図表法では,正確な月次の売上高と総費用が測定されていることが前提となる。したがって,月次損益計算から臨時の損益を除外し,正常な売上高と総費用を算定する必要がある。また,この撒布図表法は,図表によるため理解しやすい長所があるが反面図表からは詳細な金額は読み取りにくいという欠点がある。この欠点を補う方法としては,最小二乗法がある。

図表6・6　スキャッター・グラフによる費用分解

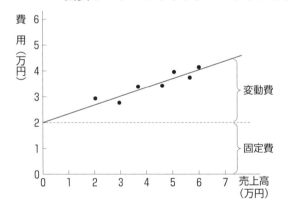

(4) 最小二乗法(最小自乗法)

　これは,操業度を示す数期間の複数の基準数値と,それに対する費用額とをもとにして,統計手法で用いられる最小二乗法を適用し,費用を固定費部分と変動費部分とに分解する方法である。

　まず,操業度を示す数期間の営業量の測定基準(たとえば,売上高,直接作業時間,機械運転時間など)と,同じく数期間の費用に関する資料を用意する

図表6・7　計算表

月	売上高(x)	費用総額(y)	xy	x^2
1	30	26	780	900
2	35	32	1,120	1,225
3	45	35	1,575	2,025
4	50	40	2,000	2,500
5	55	37	2,035	3,025
6	60	42	2,520	3,600
合計	275	212	10,030	13,275

（図表6・7）。

次に，基準とされる数値と費用との関係が，だいたい直線的に推移しているかどうか確かめる。その確かめる方法としては，撒布図表が用いられる。そして，両者の関係がだいたい直線的に推移していると確認された場合に，次のような式を用いて固定費と変動費とに分解する。すなわち，総費用を y，固定費を a，変動費率を b，売上高を x とし，次の一次方程式を作成する。

$$y = a + bx \quad \cdots ①$$

次に，両辺に x を乗じると次のようになる。

$$xy = ax + bx^2 \quad \cdots ②$$

前記の①，②の式に，計算表の数値を代入する。なお，6aの係数は固定費6カ月分を意味している。

$$212 = 6a + 275b \quad \cdots ③$$

$$10{,}030 = 275a + 13{,}275b \quad \cdots ④$$

この方程式を解いてaとbの値を求めると，次のようになる。

$$a = 13.9255, \quad b = 0.4671$$

これによって，この費用総額の固定費139,255円と変動費率46.71％（売上高1万円当たり変動費4,671円）が求められたことになる。この計算例からもわ

かるように，撒布図表法と最小二乗法との違いは，撒布図表法が目分量で傾斜線を描くことにより，費用を固定費と変動費とに分解するのに対し，最小二乗法は，数学的方程式を用いて，費用を固定費と変動費とに分解する方法である。

したがって，撒布図表法は，非常に簡便であるが，傾斜線を描く場合に任意性が入りやすい。それに対して，最小二乗法は，数学的に方程式を用いて費用を分解することから正確な分解が可能となる。

第3節　限界利益分析

1．限界利益

（1）限界利益と限界利益率の意義

損益分岐点分析の応用として限界利益分析がある。前述のとおり限界利益は，売上高から変動費を控除したもので，企業の一次的で最初の利益（粗利）といえる。この限界利益で固定費の回収が終われば，それ以降の売上高から利益が生まれる。限界利益は通常の利益とは異なるが，損益分岐点を過ぎた限界利益，すなわち固定費を回収し終えた限界利益は経常利益となる。この限界利益を部門別，製品別，地域別に分解して算定すると，それぞれの利益を獲得する能力を知ることができる。

また，売上高と限界利益との比率を「限界利益率」という。この限界利益率を部門別，製品別，地域別に計算すると，どの部門，どの製品，どの地域の限界利益率が高い（低い）のかを知ることができる。また，限界利益率により，売上を伸ばすべき部門，縮小すべき部門を知ることもできる。さらに，限界利益率が高い場合には，収益性が高いと同時に，広告宣伝費，市場開拓費，試験研究費などの費用を投入できる能力を示しているといえる。このように経営政策や経営計画の設定に有用な情報を入手することができる。

（2）限界利益の求め方

限界利益および限界利益率を用いた損益分岐点分析を図表によって求めることができる。この図表は，「限界利益図表」という。本章で例題として用いているケース1より，損益分岐点売上高および目標利益達成売上高を求めると，図表6・8のようになる。

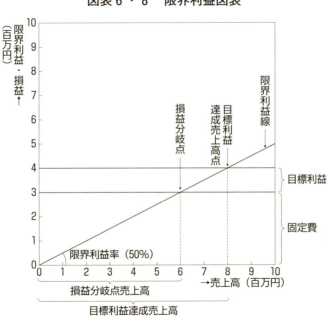

図表6・8　限界利益図表

$$利益＝売上高－総費用（変動費＋固定費） \quad (8)$$

$$限界利益＝売上高－変動費 \quad (9)$$

$$利益＝限界利益－固定費 \quad (10)$$

$$限界利益率＝\frac{限界利益}{売上高}\times 100＝\frac{売上高－変動費}{売上高}\times 100 \quad (11)$$

第7章 生産性の分析

　生産性とは，インプット（投入量もしくは投入額）とアウトプット（産出量もしくは産出額）との関係から生産の効率性を分析するために創り出された概念である。生産性は，企業がインプットした経営資源（ヒト・モノ・カネ）とその経営資源を使って創り出した付加価値（アウトプット）とを対比させることによって示される。

　生産性分析とは，インプットした企業の経営資源とその結果創り出したアウトプットの付加価値との割合で算出する分析のことである。以下，アウトプットした付加価値の概念と数値を決定することから，生産性の分析を行う。

第1節　付加価値の意義と概念

　アウトプットとして創り出された価値を付加価値という。付加価値は，以下のように，ミクロ経済学およびマクロ経済学の両分野にまたがる概念である。

1．ミクロ経済学

　個別企業の付加価値とは，企業が外部から購入した原材料・サービス等の経営資源としての購入価値に企業が生産活動等の加工を加えることによって新た

に付加した価値のことである。企業は、外部から購入した原材料・サービスに経営資源（ヒト、モノ、カネ）を投入して価値を付加し、製品をつくり、売上を生み出す。したがって、付加価値は、外部から購入し、消費した原材料・サービスの金額を売上高から控除した差額として算出できる。

外部から購入し、消費した財・サービスは、前給付費用、あるいは外部購入価値・外部購入調達費ともいわれる。この前給付費用とは、購入・消費した商品仕入高、原材料費、外注加工費などの他、企業活動において他企業から直接・間接に外部のサービスを購入・消費した運送費、広告費、通信費、保険料、水道光熱費、修繕費などのことである。したがって、前給付費用には、消費した商品・原材料・外注加工費の他、販売費及び一般管理費に属する金額の大部分が含まれる。前給付費用に属するこれらの科目は、外部から購入したものであって、自ら創り上げたとはみなされないので、付加価値から除かれる。

付加価値の計算を売上高からみると、企業の付加価値は、売上金額から前給付費用を控除した差額として算出することができる。この算出方法を控除法という。

一方、付加価値の計算を付加価値を創りだした科目からみると、企業の付加価値は、価値を付加するために消費した経営資源の科目別コストと利益の組み合わせである。したがって、経営資源の1科目ごとにそれらを付加することで付加価値を算出することができる。この算出方法を加算法（配分法）という。これを図で示すと、図表7・1のようになる。

図表7・1のとおり、付加価値とは、会計上の数値を利用して、外部から購入・消費した原材料・サービスを示す前給付費用を売上高から差し引いた金額として算出するか、それとも付加価値を創りだした科目を1科目ごとに拾い出

図表7・1　控除法と加算法の関係

売上高－前給付費用 ＝ 付加価値 ‥‥‥控除法

付加価値 ＝ 人件費＋金融費用＋賃借料＋税金＋減価償却費＋利益 ‥‥‥加算法

し，それを加算した集計金額として算出するかのどちらかである。

控除法の場合，売上高が一定であると仮定すれば，前給付費用の削減は，付加価値の増加に直接につながるため，前給付費用の削減努力を従業員に要請することは，経営者にとって自然なことである。

2．マクロ経済学との関係

全企業・全産業の個別企業体の付加価値を算出し，それを集計することにより国民総生産（GNP）が得られる。国民総生産とは，国民経済計算の国民総所得（GNI）に等しい。

国民総所得とは，一国が新たに創り出した経済的成果のことで，一定期間に生産された製品とサービスの総価値額のことである。これを表す指標としての国民総所得（GNI：GROSS NATIONAL INCOME）概念は，すべての生産活動で創り出された付加価値を集計することと原則的に同じである。全企業が創り出した付加価値（粗付加価値）の合計ということになる。全企業の付加価値を集計すれば，それはそのまま分配した国民所得を形成することになる。

このように，一国のすべての個別企業の付加価値計算の合計は，原則的に国民総所得と一致するので，付加価値は，マクロ経済学およびミクロ経済学の両分野にまたがる概念である。

3．付加価値の計算式

付加価値の金額は，控除法，加算法のいずれによっても，理論上，原則的に同じである。

（1）付加価値の計算式

付加価値計算の控除法と加算法とを算式で示すと次のようになる。

【控除法】
生産価値(生産高・売上高)－前給付費用(外部購入価値・外部購入調達費)
＝付加価値
【加算法】
人件費＋減価償却費＋支払利子＋租税公課＋配当金＋経営者報酬＋内部留保額
＝付加価値

図表7・2　付加価値の計算方式

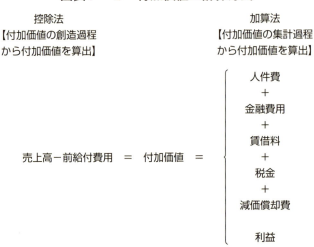

(2) 計算式の留意点

付加価値を算出する場合，計算の基礎および計算の要素に見解の相違があるので，主として次のような点に留意しなければならない。

1) 売上高基準と生産高基準

控除法の付加価値の計算は，売上高を起点とするかそれとも生産高を起点とするかによって，売上高基準による付加価値計算と生産高基準による付加価値計算の2種類に分けることができる。

付加価値の概念をめぐっては，付加価値概念の区別は，生産から生じるという見解と販売で実現するという見解がある。前者の見解に立てば，生産高基準

が採用され，後者の見解に立てば，売上高基準が採用される。企業では，算出された利益が実際に分配可能であることが重要であるので，実際の利益の分配可能性を強調し，売上高基準によって付加価値を求めることが必要である。損益計算に基づき，売上げた金額を生産価値と考えるのが妥当である。これを売上高基準という。

しかし，生産が完了した時点で付加価値が生じるという見解がある。これを生産高基準という。生産高を基準にした加工業の生産高は，販売した商品・製品と期末在庫になった部分から構成される。期首の商品・製品は，すでに前期の生産高に含まれているので，当期の生産高は，売上高に売上価格による商品・製品の在庫部分を加算すれば，算出することができる。あるいは，期首の商品・製品をも加えて計算するとすれば，期首と期末とを減算計算し，期末が多い場合は，売上高に純増加高を加算し，期首が多い場合は，売上高から純減少高を減算すれば，算出することができる。

2) 減価償却費

自社が創り出した付加価値は，売上高から自社が価値を付加する前に他社が創り上げた前給付費用を控除した差額である。

この前給付費用は，消費した商品仕入高＋原材料費＋外注加工費＋外部用役費（運送費，広告費，通信費，保険料，水道光熱費，修繕費など）から構成されるが，前給付費用とされる科目は，外部から購入・消費した財・サービスと概念上は一致しているが，その概念の実務への適用に際して実際に計算する場合に，日本生産性本部，日本銀行，経済産業省，日本経済新聞社の方式が一致しているわけではない。そのひとつに減価償却費がある。減価償却費については，前給付費用に減価償却費を含めないケース，すなわち付加価値に含めるケースと前給付費用に減価償却費を含めるケース，すなわち付加価値に含めないケースがある。前者を粗付加価値といい，後者を純付加価値と区別している。

減価償却費を前給付費用に含めない，すなわち付加価値に含めるという考え方は，有形固定資産は，外部から購入して使うものであるという考え方が強く，原

材料などとは違って，一定の規則にしたがって費用化される。その費用は，外部からの購入価値ではないので，付加価値に加算すべきであるという考え方による。

各種統計資料などにおいて，粗付加価値を利用することが多い。それは，減価償却費を前給付費用に含めて純付加価値を算出する場合，減価償却費の計算が利益操作の目的によって歪められて純付加価値が算出されることがあるので，減価償却費を前給付費用に含めずに算出した粗付加価値を利用するのである。

第2節　労働生産性

1．生産性の意義

企業が価値を付加する生産要素は，労働力（ヒト）と経営資本（モノ・カネ）である。創り出されたアウトプット（付加価値）とインプットされた労働力および経営資本との比率をとることによって，企業の生産性を分析することができる。一般に，このような分析を生産性分析といい，次のような式で表される。

$$生産性効率(\%) = \frac{アウトプット（付加価値）}{インプット（従業員数もしくは総資本）} \times 100 \quad (1)$$

2．労働生産性と資本生産性

生産性効率は，アウトプット（付加価値）とインプットされた個別の数値（労働力もしくは経営資本）とを対比させることによって，次のように労働生産性効率と資本生産性効率に区別される。

（1）労働生産性

これは，アウトプットの付加価値とインプットの従業員数とを対比させること

によって示される従業員の労働生産性の指標である。下記の式で示されるように，従業員数が変化しないかぎり，付加価値が大きくなれば，企業の労働生産性は上昇する。逆に付加価値が小さくなれば，労働生産性は悪化していることになる。

$$労働生産性(\%) = \frac{アウトプット(付加価値)}{インプット(従業員数もしくは労働時間)} \times 100 \quad (2)$$

（2）資本生産性と労働生産性

資本生産性は，アウトプットの付加価値とインプットの総資本とを対比させることにより算出される資本の生産性の指標である。下記の式で示されるように，総資本が変化しないかぎり，付加価値が大きくなれば，企業の資本生産性は上昇する。逆に付加価値が小さくなれば，資本生産性は，悪化していることになる。

$$資本生産性(\%) = \frac{アウトプット(付加価値)}{インプット(総資本，固定資産，もしくは機械運転時間)} \times 100 \quad (3)$$

労働生産性は，アウトプットの付加価値とインプットの従業員の数とを対比させることにより算出される従業員の生産性の指標である。下記の式で示されるように，従業員数が変化しないかぎり，付加価値が大きくなれば，従業員の生産性は上昇する。逆に付加価値が一定であるとすれば，従業員の減少が必要になるかもしれない。いずれにしても，付加価値を高めることは，企業経営にとっても，また従業員にとっても共通の目的であるといえる。

通常，アウトプットは付加価値が，インプットには従業員数が用いられる。したがって単に生産性といえば，労働生産性もしくは付加価値労働生産性を示す。

$$労働生産性(付加価値労働生産性) = \frac{付加価値}{従業員数} \quad (4)$$

（3）生産性の分解

労働生産性を分解することによって，労働生産性のさらなる分析の視点を得ることができる。労働生産性の良否は，次のような要因に分解できる。

$$\text{資本集約度} = \frac{\text{総資本}}{\text{従業員数}} \quad (5)$$

　資本集約度は，従業員1人当たりの資本額を示した数値である。総資本には，設備投資や機械への投資額を含めたすべての投資額が含められるが，分子の総資本を有形固定資産に置き換えれば，従業員1人当たりの機械・設備に投資した資本の労働装備率がわかる。労働力よりも資本設備により多く依存する産業のことを資本集約型産業という。その逆を労働集約型産業という。

$$\text{総資本回転率} = \frac{\text{売上高}}{\text{総資本}} \quad (6)$$

　総資本回転率は，資本1単位当たりの売上回転数の程度を表す指標である。総資本が一定であれば，売上高が大きいほど回転率はよくなる。売上額が一定であれば，総資本のうち，負債の額を減らせば回転率はよくなる。

$$\text{付加価値率} = \frac{\text{付加価値}}{\text{売上高}} \quad (7)$$

　付加価値率は，売上高1単位に対する付加価値の割合のことで，企業が創り上げた付加価値の程度を示す指標である。換言すれば，企業の価値創造力を示す指標である。しかしながら，付加価値のなかには価値を付加するために人件費などに使った費用が含まれているので，付加価値率と利益率とは一致しないことになる。4章で分析したような利益率の分析結果をもとに，付加価値率の解釈には，慎重な判断をすることが必要である。

$$\text{売上高生産性} = \frac{\text{売上高}}{\text{従業員数}} \quad (8)$$

　売上高生産性は，従業員1人当たりの売上高を示す指標である。
　(5)，(6)，(7)を使って，さらなる分析の視点を得ることができる。資本集約度と総資本回転率を掛けると従業員1人当たりの売上高が算出される。総資本回転率と付加価値率を掛けることによって資本生産性を算出することができる（図表7・3参照）。このように，労働生産性（付加価値労働生産性）の内

容を分析することによって、生産性の良否の原因を明らかにすることができる。

(4) 労働生産性の分解

労働生産性は、図表7・3に示したように、分解の関係をみるために、売上高を介在させて、売上高生産性と付加価値率の積として算出し、分析することが有効である。

労働生産性を高めるためには、1人当たりの売上高を高めなければならないことを示している。そのためには、販売数量や単価を引き上げることも考えられるが、その他付加価値を構成する原材料消費量の削減をするなどの対策が必要になる。

総資本を介在させて、労働生産性を資本集約度と資本生産性の積に分解して、分析することが有効である。総資本が一定であるとすれば、従業員削減による資本集約度の改善をするなどの対策が必要になる。

$$\frac{付加価値}{従業員数} = \underbrace{\frac{総資本}{従業員数}}_{(資本集約度)} \times \underbrace{\frac{付加価値}{総資本}}_{(資本生産性)}$$

図表7・3 労働生産性の分解

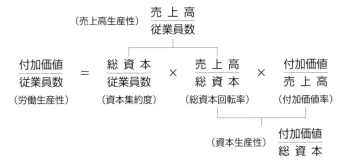

3. 分配分析

　加算法によれば，企業が創り出した付加価値は，人件費，支払利子，減価償却費，租税公課，当期純利益などの構成要素を加算した集計額として算出できる。

　これを算出された付加価値からみれば，付加価値がどのような構成要素から成り立っていたのかという状況を知ることができる。分配分析とは，付加価値とそれを構成する生産要素とを対比して，付加価値に対する構成要素の割合を指標として求めることである。

　付加価値の分配分析は，社会的公平性の理念に基づき，取り上げた生産要素に対する付加価値の分配率をみて，付加価値を構成する生産要素が適切に配分されているか否かを分析することである。どのような場合でも，コスト削減の余地があるものと考えることが必要である。分析をするためには，同業他社と比較することが必要である。

　分配率の主要な指標を下記に示す。

$$労働分配率 = \frac{人件費}{付加価値} \times 100 \tag{10}$$

$$資本分配率 = \frac{当期純利益（＋減価償却費）}{付加価値} \times 100 \tag{11}$$

図表7・4　人件費に対する付加価値の分配

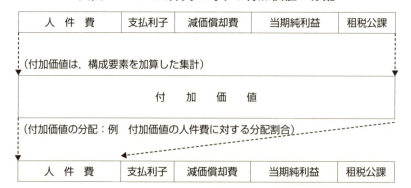

$$債権者分配率 = \frac{金融費用}{付加価値} \times 100 \qquad (12)$$

$$公共分配率 = \frac{租税公課}{付加価値} \times 100 \qquad (13)$$

　インプットとアウトプットとの関係で示される生産性が一定であると仮定すれば，特定の生産要素，たとえば労働分配率を増加させるためには，他の生産要素，たとえば資本分配率を犠牲にして労働分配率を高めなければならないことも考えられる。その意味で，それぞれの利害関係者への分配を満足させるためには，生産性を向上させることは，利害関係者の共通の目的である。

4．労働生産性の実例分析

　三浦工業(株)の労働生産性は，平成21年度までは4種平均と比べて低かった。労働生産性の要因を分析してみると，資本集約度がかなり低い水準を示している。資本総額を従業員数で除した率が資本集約度であり，この資本総額のなかから固定資産の金額を従業員数で除した率が労働装備率である。この数値が低ければ低いほど相対的に同業他社と比べて従業員の数が多いということを示している。逆にいえば，従業員の能力に依存しているということもできる。それは，労働分配率に表れている。今後は，資本集約度ひいては労働装備率を高めて行くことが，生産性向上のために必要である。しかしながら，総資本回転率と売上高付加価値率は，平均よりも高いので，全般的には，良好であるといえる。

　三浦工業(株)の平成24年度（平成25年3月期）の1人当たりの労働生産性を有価証券報告書および『産業別財務データハンドブック（個別企業編）』から算出すると，図表7・5のようになる。有価証券報告書の提出会社の経営指標等によると，従業員数は，平成23年度期首2,678人，平成23年度期末（平成24年3月期）2,694人であるので，その平均をとる。なお，粗付加価値額（29,090百万円）の算出は，社会経済生産性本部，日本銀行，三菱総合研究所などの方

式もあるが,『産業別財務データハンドブック（個別企業編）』および有価証券報告書に基づき算出した数値による。『産業別財務データハンドブック（個別企業編）』によると，平成23年度（平成24年3月期）の付加価値率は，42.40％である。売上高68,609百万円に付加価値を乗すれば，付加価値29,090（百万円）を算出することができる。

$$労働生産性（万円）＝\frac{29,090（百万円）}{(2,678（人）＋2,694（人））÷2}＝1,083（万円）$$

労働生産性の水準は低いが，経営者は従業員に配慮していることがうかがえる。しかし，今後は，労働集約型企業から資本集約型企業へのさらなる努力が望まれるということもできるであろう。

図表7・5　労働生産性（単独）

(万円)

産業　　　　年	平成22年度	平成23年度
全産業平均	1,359	1,356
製造業平均	1,209	1,222
その他機械器具平均	1,106	1,035
三浦工業(株)	1,008	1,083
非製造業平均	2,502	2,302

第8章
成長性の分析と総合評価

第1節　成長性分析と総合評価の意義

　企業は絶えず成長を目指さなければならないといわれるが，そもそも企業の成長とは何を意味しているのであろうか。企業の成長が企業規模や利益の拡大であるとすれば，これらがどの程度拡大しているのかを把握する必要がある。この場合，売上高がどの程度伸びているかといった個別の分析指標についての伸び率が用いられる。つまり，2会計期間（当期と前期）での売上高，利益，資本を比較してその変化を捉えることで示される。

　また，たとえば売上高伸び率が毎年度どのように変化しているかといった分析指標を時系列（1年ごとの変化）として捉える場合，前年度と比較する方法と特定の年度を基準にして4年間から5年間ないしは10年間の推移によって企業の動向を把握する方法がある。営利企業の活動目的は毎年度，目標利益を獲得することにあるので，利益の源泉となる売上高を増加させることが経営者によって重視されるし，当該の増加が利益の増加につながることが同様に重視される。したがって成長性の分析を考える際のキーワードは，各分析指標の「増加率」，「伸び率」となる。

　総合評価の意義は，企業の全体的な評価を知るために，複数の分析指標（たとえば流動比率，負債比率，固定比率など）や成長性分析（売上高伸び率，経

常利益伸び率）を利用して企業の総合的な評価を行うことにある。経営分析によって，われわれは多くの分析指標を入手することが可能になる。しかしながら1つの分析指標や一時点での分析指標のみで企業に対する判断・評価を行ってしまえば，それは企業の一面を捉えたにすぎず，全体を捉えたことにはならない可能性が高い。いわば木をみて森をみずの状態に陥るのである。

そこで，企業の全体的な評価や時系列的な状況を知るためには，1つの分析指標に頼るのではなく複数の分析指標を用いた分析を行うこと，および成長性分析を利用した企業の総合的な評価を行うことが必要になる。また，これらを行えば企業の総合的な評価を行うことが可能となる。これが総合評価の意義である。

企業の総合評価を行う場合の方法として，指数法がある。ここでは，指数法として，ウォール（Wall, A）の指数法と日本経済新聞社の総合的企業評価であるNICES（ナイセス）を取り上げている。

また，今日の企業の成長性や総合評価を考えるにあたっては，連結貸借対照表や連結損益計算書といった財務諸表にみられるとおり，企業集団（グループ）を対象にした分析を行うことが不可欠となっている。本章ではこの点についても触れている。

さらに企業の総合評価を行うにあたっては，貨幣単位のみならず物量単位情報や記述情報による非財務情報を用いる傾向が強まっている。財務情報は主として財務諸表上から得られる情報であり，貨幣単位で表される。これに対して非財務情報はCSR（Corporate Social Responsibility，企業の社会的責任）報告書や統合報告書から得られる情報である。

ここでは，企業の総合評価を行う際に重視される非財務情報に関して，三浦工業(株)『ミウラグループCSR報告書2015』を取り上げている。

第8章 成長性の分析と総合評価

第2節 成長性の分析

　企業の成長は通常，売上高，利益，利益率，自己資本，従業員数，事業所数などの伸び率を用いて測定される。

　ここでの伸び率の計算では，①前年度（前期）と当年度（当期）との対比によって指数化する方法，②一定期間における平均伸び率を指数化する方法，③ある年度を基準年度に定めて，定めた基準年度を100として各年度の数値を指数化する方法がある。

　以下では売上高伸び率，経常利益伸び率，自己資本増加率，長期趨勢分析を用いて，企業の成長性の分析を考えてみる。

1．売上高伸び率

（1）売上高伸び率の意義

　売上高伸び率は，前期の売上高に対して当期の売上高がどの程度伸びているか，その伸び率を示すものである。増収率ともいわれ，当期売上高から前期売上高を控除した増加額を前期売上高で割って求められる。

　企業における収益の中心は売上高である。売上高は自社の製品，商品，サービスの販売を行い，その対価として顧客から受け取った経済的価値の合計である。また売上高は利益の源泉でもあるので，企業が成長するためには売上高が持続的に拡大していくことが必要になる。売上高が持続的に増加すれば，その結果として付加価値，利益，従業員の増加をもたらす可能性が高くなる。

（2）売上高伸び率の計算式

　売上高伸び率は，以下の式を用いて算出する。

$$売上高伸び率(\%) = \frac{当期売上高 - 前期売上高}{前期売上高} \times 100 \qquad (1)$$

　当期売上高が前期売上高よりも増加していれば，売上高伸び率はプラスの数値となる。逆に，当期売上高が前期売上高を下回れば売上高伸び率はマイナスの数値となる。企業の成長性から当該の伸び率は毎年度プラスになることが求められる。

(3) 売上高伸び率の実例分析

　三浦工業(株)の連結ベースの平成24年度（平成25年3月期）と平成25年度（平成26年3月期）の売上高は，78,157百万円と85,535百万円で売上高伸び率（連結）を計算すると以下のようになる。

$$売上高伸び率(\%) = \frac{85,535(百万円) - 78,157(百万円)}{78,157(百万円)} \times 100 = 9.44\%$$

　三浦工業(株)における過去4年間における売上高伸び率の推移は，平成22年度2.34％，同23年度9.85％，同24年度4.78％，同25年度9.44％となっている。同社の売上高伸び率は，毎年度プラスで推移しており，製造業平均やその他の機械器具平均がマイナスを示す年度もある中で堅調に推移していることがわかる。

図表8・1　売上高伸び率（連結）

(%)

産業＼年	平成22年度	平成23年度	平成24年度	平成25年度
全産業平均	5.51	0.76	2.73	11.56
製造業平均	6.93	▲1.4	3.11	11.46
その他の機械器具平均	15.62	1.87	▲2.59	19.61
三浦工業(株)	2.34	9.85	4.78	9.44
非製造業平均	3.59	3.68	2.33	11.49

2．経常利益伸び率

（1）経常利益伸び率の意義

　経常利益伸び率は，前期の経常利益との比較において当期の経常利益がどの程度伸びたのかを示す増加率を表している。当期経常利益から前期経常利益を控除した値を前期経常利益で割って求められる。売上高伸び率と同様に，利益の伸び率も企業の成長性を考えるうえで欠かすことができないので，経常利益伸び率は重要な指標となっている。

　経常利益は，企業の本業の営業活動から獲得される営業利益に財務活動などの付随的な活動から発生する営業外収益を加算し，そこから営業外費用を控除した利益であり，企業の正常な収益力を表すものとして重視されてきた。したがって経常利益伸び率は，企業の正常な収益力の伸び率を表していることになる。

（2）経常利益伸び率の計算式

　経常利益伸び率は，以下の式によって算出される。

$$経常利益伸び率(\%) = \frac{当期経常利益 - 前期経常利益}{前期経常利益} \times 100 \qquad (2)$$

　経常利益伸び率は，当期経常利益から前期経常利益を控除した値を，前期経常利益で割って最後に100を掛けて算出する。

　損益計算書上における利益の各段階には，売上総利益，営業利益，経常利益，税金等調整前（税引前）当期純利益，当期純利益などがあり，経常利益伸び率の算出と同様に他の利益においての伸び率を考えることができる。

（3）経常利益伸び率の実例分析

　三浦工業(株)の平成24年度（平成25年3月期）および平成25年度（平成26年3月期）の連結における経常利益は，8,859百万円と10,298百万円となっており，

これらを用いて平成25年度の経常利益伸び率を計算すると、以下のようになる。

$$経常利益伸び率(\%) = \frac{10,298(百万円) - 8,859(百万円)}{8,859(百万円)} \times 100 = 16.24\%$$

三浦工業(株)の経常利益伸び率を時系列で表すと、平成22年度は▲0.05%、同23年度は19.57%、同24年度は26.52%、同25年度は16.24%となっている。

三浦工業(株)の経常利益伸び率は、平成22年度こそマイナスになっているが、その後はプラスで推移して順調に回復をしている。

3．自己資本増加率

（1）自己資本増加率の意義

自己資本増加率は、前期自己資本との比較において当期自己資本がどの程度伸びたのかの増加率を表している。

自己資本は、「株主の出資による増資」、「利益の内部留保」、「有価証券などの資産の時価評価による帳簿価格との差額」によって増加する。したがって、企業の努力によって自己資本を高めるためには、毎期の収益性を高めて利益を企業内部に蓄積させること、すなわち内部留保が高まることが必要になる。また、内部留保が高まれば企業の経営の安定性が増すとともに、自己資本が着実に充実していくことになる。

（2）自己資本増加率の計算式

自己資本増加率は、以下の式によって算出される。

$$自己資本増加率(\%) = \frac{当期自己資本 - 前期自己資本}{前期自己資本} \times 100 \qquad (3)$$

自己資本増加率は、当期自己資本から前期自己資本を差し引いた値を、前期自己資本で割って最後に100を掛けて算出する。

自己資本増加率を算出するにあたり、ここでは「株主資本合計」と「その他

の包括利益累計額合計」を自己資本として用いる。

(3) 自己資本増加率の実例分析

三浦工業(株)の平成24年度(平成25年3月期)と平成25年度(平成26年3月期)の自己資本(連結)は,85,962百万円と92,035百万円であり,自己資本増加率を計算すると以下のようになる。

$$自己資本増加率(\%) = \frac{92,035(百万円) - 85,962(百万円)}{85,962(百万円)} \times 100 = 7.06\%$$

三浦工業(株)の自己資本増加率を時系列で表すと,平成22年度は1.09%,同23年度は1.47%,平成24年度は4.05%,平成25年度は7.06%となっている。同社の自己資本増加率はプラスで推移しているとともに,年々伸び率が上昇していることは評価できるものである。

4. 長期趨勢分析

(1) 長期趨勢分析の意義

企業の経営の実態を把握するためには,単年度(1年間)だけではなく長期的な視点から会計データや分析指標に関する変化をみていく必要がある。その理由は,企業業績はリーマンショックに代表される世界的金融危機から生じる急速な景気後退や東日本大震災などの自然災害といった特殊要因によって短期的には異常な影響を受ける場合がある。これらの特殊要因から企業業績が短期的に悪化することは,しばしば起こり得ることであるが,企業の経営の実態を正確に把握するためには,当該企業が正常な状態におかれているときにどの程度の実力を発揮しているのかを知ることが必要になる。そのためには,企業の長期的な趨勢を把握することが必要になる。

具体的方法として,特定の会計年度の金額を基準年度の金額とし他の年度の金額を百分率で長期間にわたって計算し,その推移を分析する方法がある。こ

のような基準年度の金額に対する他の会計年度の金額との比率を趨勢比率と呼んでいる。また，趨勢比率を用いて成長性分析を行う方法を趨勢法と呼んでいる。

ここでは，企業の長期的趨勢を売上高，経常利益，純資産を用いて考えてみる。

（2）趨勢比率の計算式

趨勢比率は，以下の計算式によって求めることができる。

$$趨勢比率(\%) = \frac{当該年度の金額}{基準年度の金額} \times 100 \tag{4}$$

（3）趨勢比率の実例分析

三浦工業(株)の平成22年度（平成23年3月期）から平成25年度（平成26年3月期）における収益力の推移が純資産の増加にどのような影響を与えているか，つまり資本蓄積に貢献しているかを売上高，経常利益および純資産の推移によって分析する。

図表8・2は，会計データを上段に，基準年度と各年度の金額との比較による趨勢比率を下段に表している。

図表8・2　会計データと趨勢比率の推移（連結）

(百万円／％)

会計データ　　年	平成22年度	平成23年度	平成24年度	平成25年度
売上高	67,904	74,593	78,157	85,535
	100	109.85	115.10	125.96
経常利益	5,856	7,002	8,859	10,298
	100	119.57	151.28	175.85
純資産	81,433	82,629	86,029	92,177
	100	101.47	105.64	113.19

三浦工業(株)は，平成22年度から平成25年度までの４年間において売上高，経常利益，純資産ともに趨勢比率はプラスで推移している。このことから売上高と経常利益の趨勢比率がプラスで推移したことが，純資産の蓄積に貢献している。しかしながら経常利益の趨勢比率の伸び幅と比較して，純資産の伸び幅は少ない値に留まっている。この点は注意を要するところである。

　純資産の蓄積が増加していくと，自己資本の額が増加することにつながり，経営者からみれば，安定的に利用できる資金が増えることになり，経営の安定化につながる。

第３節　株価関連の分析指標

１．１株当たり純資産

（１）１株当たり純資産の意義

　１株当たり純資産とは，期末の純資産（自己資本）を期末の発行済株式数（自己株式数を除く）で割って求められる。１株当たり純資産は，株式１株当たりの株主持分を表しており，高い数値ほど企業の財務安定性は高くなる。

　１株当たり純資産の額を示すことによって，発行済み株式数の影響を排除することができる。その結果，企業間比較や業種間比較を容易に行うことができるようになり，投資家や金融機関は財務安定性の分析のための有用な情報を得ることができる。

（２）１株当たり純資産の計算式

　１株当たり純資産は以下の計算式によって求められる。

$$1株当たり純資産(円) = \frac{純資産}{期末の発行済株式数} \quad (5)$$

(3) 1株当たり純資産の実例分析

　三浦工業(株)の平成25年度(平成26年3月期)の期末純資産と期末発行済株式数を用いて1株当たりの純資産を計算すると以下のようになる。まず，分子の純資産は，「株主資本合計」と「その他の包括利益累計額合計」の合計額を用いる。したがって，平成25年度の純資産は，株主資本合計91,132百万円とその他の包括利益累計額合計903百万円の合計額である92,035百万円となる，次に分母の発行済株式数は，41,763千株(自己株式を含む)である。

$$1株当たり純資産(円) = \frac{92,035(百万円)}{41,763(千株)} \times 1,000 = 2,203.74円$$

　三浦工業(株)における1株当たり純資産の推移を時系列で表すと，平成22年度は1,949.57円，同23年度は1,978.28円，同24年度は2,058.35円，同25年度は2,203.74円となる。4年間における三浦工業(株)の1株当たり純資産は毎年度高くなっており，成長性の観点からは好ましい状況となっている。

2. 1株当たり純利益

(1) 1株当たり純利益の意義

　1株当たり純利益は，当期純利益を発行済株式数(自己株式は除く)で割って求められる。株主からみれば企業の収益性や配当能力を示す指標である。

　1株当たりの当期純利益は，企業の1会計年度における1株当たりの純成果を表しており，株主・投資家からすれば収益力の観点から企業間比較を行う際の重要な指標となる。株主からみれば，当期純利益は配当金の原資となるため1株当たりの純利益は高ければ高いほどよいことになる。

(2) 1株当たり純利益の計算式

　1株当たり純利益は，以下の計算式によって求められる。

$$1株当たり純利益(円) = \frac{当期純利益}{期中平均発行済株式数} \qquad (6)$$

分母に期中平均発行済株式数を用いる理由としては次のことがある。当期純利益が1会計期間の活動により得られた成果であるので，発行済株式数は期首と期末の平均株式数で計算することが合理的であるとの理由による。

(3) 1株当たり純利益の実例分析

三浦工業(株)の平成25年度（平成26年3月期）における1株当たり純利益を計算すると以下のようになる。

$$1株当たり純利益(円) = \frac{6,288(百万円)}{37,489(千株)} \times 1,000 = 167.73円$$

三浦工業(株)における1株当たり純利益の推移を時系列で表すと，平成22年度は79.90円，同23年度は93.06円，同24年度は136.12円，同25年度は167.73円となっている。4年間における三浦工業(株)の1株当たり純利益は毎年度高くなっており，成長性の観点からは好ましい状況となっている。

3．配当性向

(1) 配当性向の意義

配当性向とは，当期純利益に対する株主への配当金の割合を表すものである。したがって，当期純利益に占める配当金の割合がどの程度の水準にあるかを表している。企業の配当財源は，当期純利益以外には取締役会の決議によって発生する任意積立金取崩額や前期繰越利益剰余金があるが，基本的には各年度に獲得された当期純利益である。

配当性向は，企業が獲得した当期純利益のうち，株主に対して1年間の間に支払った配当金の割合であり，企業が得た純成果を株主へ還元した割合を表している。このことから株主にとっては，重要な分析指標であるとともに，上場

企業を投資先として選定を行う投資家にとっても重要な指標になる。

株主・投資家からすれば配当性向は高ければ高いほどよいことになるが，これを高めるためには，配当金を増額するか配当金の増加率が当期純利益の増加率を上回ることが必要になる。

（2）配当性向の計算式

配当性向は，以下の計算式によって求められる。

$$配当性向(\%) = \frac{配当金総額}{当期純利益} \times 100 \qquad (7)$$

（3）配当性向の実例分析

三浦工業(株)の平成25年度（平成26年3月期）の配当金総額と当期純利益を用いて配当性向（連結）を計算すると，次のとおりである。

$$配当性向(\%) = \frac{2,061(百万円)}{6,288(百万円)} \times 100 = 32.78\%$$

三浦工業(株)の平成22年度から同25年度までの配当性向の推移を表したものが，図表8・3である。

図表8・3では決算短信での表記にしたがって小数点第1位まで表記している。

図表8・3　配当性向（連結）

(%)

産業 年	平成22年度	平成23年度	平成24年度	平成25年度
全産業平均	34.3	50.5	43.8	26.8
製造業平均	31.1	55.2	45.2	27.1
その他の機械器具平均	20.3	41.0	40.8	20.8
三浦工業(株)	50.1	43.0	30.1	32.8
非製造業平均	39.7	45.0	42.0	26.3

第8章　成長性の分析と総合評価

　三浦工業(株)の配当性向は，全産業平均，製造業平均，その他の機械器具平均と比較して下回るものもあれば，上回るものもあるが配当性向（連結）を，30％を目途とすることを方針としている。この点については，平成26年3月期における三浦工業(株)の決算短信の「利益配分に関する基本方針及び当期・次期の配当」の記載の中で明記されている。

　三浦工業(株)は平成22年度から同25年度まで，同社の方針どおり30％以上の配当性向を維持しており，良好な水準と評価できる。

4．自己資本配当率

（1）自己資本配当率の意義

　自己資本配当率は，自己資本に対する配当金の割合を示している。自己資本は，株主による拠出額（出資額）であり，配当金は拠出額に対する報酬額という性質がある。このことから自己資本配当率は，株主の拠出額の帳簿価格に対する利回りを表している。

　また，分母には自己資本の代わりに株式時価総額を用いることがある。この場合は企業の配当利回りを計算することができる。自己資本配当率の計算の場合，分母の自己資本は帳簿価格を基礎にしているが，株式時価総額を用いる場合は自己資本の証券市場（たとえば，東京証券取引所）における時価を基礎に計算することによって企業の株価の妥当性を判断する指標として利用される。

（2）自己資本配当率の計算式

　自己資本配当率は，以下の計算式によって求められる。

$$\text{自己資本配当率}(\%) = \frac{\text{配当金総額}}{\text{自己資本}} \times 100 \qquad (8)$$

　配当利回りの計算を行う場合の分母には，自己資本の証券市場の時価総額である株式時価総額（期末の1株当たりの株価×発行済株式数）を用いて計算を

行う。

$$配当利回り(\%) = \frac{配当金総額}{株式時価総額} \times 100 \qquad (9)$$

　企業に対する出資者である株主からみれば，自己資本配当率および配当利回りは高ければ高いほどよい。

（3）自己資本配当率の実例分析

　三浦工業(株)の平成25年度（平成26年3月期）の自己資本配当率（連結）を計算すると，以下のようになる。

$$自己資本配当率(\%) = \frac{2,061百万円}{92,035百万円} \times 100 = 2.24\%$$

　三浦工業(株)における自己資本配当率の推移を時系列で表すと，平成22年度は1.89％，同23年度は1.86％，同24年度は1.81％，同25年度は2.24％となっている。4年間における三浦工業(株)の自己資本配当率（連結）は，大きな変動もなく安定的に推移している。このことは三浦工業(株)が毎期，安定配当を目指していることを反映しているといえる。

第4節　指数法

　指数法はウォールによって開発された分析方法が一般的なものとなっている。ウォールの指数法は1920年代に開発され，企業の評価のための各種の分析指標を1つの数値に統合化をして企業評価を行うことに特徴がある。
　具体的には，企業の安全性や収益性の分析指標には，流動比率，負債比率，固定比率，売上債権回転率などの分析指標の種類が多く，また，それぞれに特徴がある。そのため，たとえば企業の安全性の分析を行う場合は，これらの複数の分析指標を組み合わせたうえで，総合的に判断（評価）することができる。

また，安全性（流動比率，負債比率，固定比率など），収益性（総資本回転率など），成長性（売上高伸び率，経常利益伸び率など）に関する多数の分析指標を選択して，それらを組み合わせて企業全体の総合力を判断（評価）することができる。

その際，選択された分析指標は，すべてが同じウエート（程度）ではなく重要度が異なると考えられてきた。たとえば安全性の分析では，流動比率のように伝統的に重要と考えられてきた比率もあるが，なかには相対的に流動比率ほどは重要度が高くないと考えられているものもある。そのため，それぞれの分析指標を重要度のウエートに応じて指数化し，その指数を合計して，企業の安全性や収益性および企業全体の総合力を判断・評価しようとする方法が指数法である。企業全体の総合力の判断は，収益性に関する比率は良好であるが流動性に関する比率は良好でないといった場面があるなかで，企業全体をどう判断するかという問題を取り扱っている。

1．ウォールの指数法

ウォールは，銀行などの金融機関が貸付先（融資先）に対する与信（信用力）の程度を決定するための分析である信用分析のために，この指数法を開発した。

ウォールの指数法では，分析対象の企業の比率（たとえば流動比率）を基準比率（標準比率）で割って，その値に事前に設定されているウエートを掛けて，その結果の合計値（指数）によって，企業の総合力を判断する。ここでの合計値が100点であれば標準点であり，100点以上であれば一般的に企業の安全性は高いと判断される。

ウォールは信用調査会社に勤務していた経験から多くの分析指標としての比率のうち，重要な比率7つを選択したうえで，それらを独自の観点からウエート付けを行った。

具体的にウォールは流動比率25％，負債比率25％，固定比率15％，売上債権

回転率10%，棚卸資産回転率10%，固定資産回転率10%，自己資本回転率５%のウエート付けを行った。このことから合計値が100点以上で，個々の比率に異常な数値がなければ，企業の信用状態は良好なものと判断された。

しかしこのウエート付けが恣意的あるいは直観的であるとの批判があったことからこの方法を疑問視する声も強かったことも事実である。他方，ウォールの指数法に根差した方法は，現在も銀行実務に取り入れられている場面がある。

ウォールの指数法を用いて，平成25年度（平成26年３月期）（連結）における三浦工業(株)の信用分析の評点を計算したものが図表８・４である。ここでの標準比率（基準比率）はウォールの標準比率を用いた。

図表８・４　ウォールの指数法

比　率	a 相対価値	b 標準比率	c 実際比率	d 関係費率 (c／b)	評点 (a×d)
流動比率	25点	200%	312%	156%	39点
負債比率	25	150	364	242	61
固定比率	15	250	195	78	12
売上債権回転率	10	600	356	59	6
棚卸資産回転率	10	800	820	102	10
固定資産回転率	10	400	181	45	5
自己資本回転率	5	300	93	31	2
合　計	100点				135点

ウォールの指数法による信用分析では，三浦工業(株)は，全体として標準評点（相対価値）の100点をこえて135点であることから安全性が良好な水準にあると判断できる。ここでは以下の点に注意する必要がある。平成25年度における製造業の固定比率の平均数値は122%となっている。これに対してウォールが定めた固定比率に対する標準比率が250%となっており，乖離が大きくなっている。この点については，製造業の固定比率の平均数値122%に修正をして

計算することが実態に近いと考えられる。この場合には評点が，12から24に修正され，評点の合計も135点から147点に修正される。したがって，三浦工業(株)の企業としての安全性はこの点からも高いといえる。

2．日本経済新聞社の総合的企業評価

　日本経済新聞社が日経リサーチ，日本経済新聞社デジタルメディアと共同で開発した上場企業の総合ランキングNICES（ナイセス）は，企業をとりまく広範囲なステークホルダーに注目し，各ステークホルダーの視点ごとに企業を評価，これらを合算して総合ランキングを作成している（『日本経済新聞』2014年11月27日付朝刊）。企業の持続的な成長のためには投資家のみならず，それ以外の消費者・取引先・従業員といったステークホルダーからの評価にも耐えられることが必要になっている。

　NICESは，潜在力と企業を取り巻く利害関係者（投資家，消費者，取引先，従業員，社会）の視点から企業を分析・評価をして，ランキングを行っている。すなわち企業の業績だけではなく，従業員にとって働きやすい職場環境を保ち，消費者に支持され，社会への貢献度が高い企業を知ることができる。2014年度のNICESで使用された多角的評価のための評価指標と測定指標を示したものが図表8・5であり，総合企業ランキングを示したものが図表8・6である。現在ではNICESは，大学生の就職活動にも活用されている。

図表 8・5　NICES の評価指標と測定指標

評価指標	測定指標
投資家	時価総額，配当，内部留保，使用総資本利益率，財務情報公開，資本構成，増資の 7 指標
消費者・取引先	売上高，広告宣伝・広報，粗利，認知度（全体），認知度（属性別）の 5 指標
従業員	ワークライフバランス，育児・介護，女性の登用，定着率，多様な人材活用の 5 指標
社　会	雇用，納税，社会貢献，公的団体への人材供給，環境への配慮の 5 指標
潜在力	設備投資，人材育成，研究開発など将来に向けた企業活動のデータに，日本経済新聞社の記事による評価を加えて総合的に評価

図表 8・6　NICES の総合企業ランキング（2014年）

順位	社　名	総合得点	投資家	消費者・取引先	従業員	社　会	潜在力
1	トヨタ自動車	897	160	187	166	192	192
2	セブン&アイ HD	880	170	177	170	163	200
3	NTT ドコモ	850	164	194	200	179	113
4	キヤノン	842	138	200	173	169	162
5	東レ	838	128	172	179	166	193
5	日産自動車	838	134	179	192	178	155
7	ホンダ	835	147	175	162	180	171
8	ダイキン工業	832	149	153	187	178	165
9	NTT	828	157	180	187	175	129
10	三菱商事	823	130	161	172	197	163

（出所）日本経済新聞社『日本経済新聞』2014年11月27日付朝刊。

第8章　成長性の分析と総合評価

第5節　企業集団（グループ）の評価

1．連結と単体の比較による分析

（1）企業集団（グループ）の形成

　日本企業の重要な傾向として，国内の人口減少による市場規模の縮小や市場競争の激化などに対応するために事業の海外展開によるグローバル化（国際化）や多角化を進めている。ここでグローバル化とは製品（商品）・サービスの生産の拠点や仕入先・販売先を日本国内のみならず海外にも求めていくことである。

　この結果，グローバル化・多角化する企業は，海外や国内に多数の子会社や関連会社を有することになり，ここに企業集団が形成されることになる。

　平成25年度（平成26年3月期）におけるわが国の代表的な企業の子会社数と持分法適用会社数を示したものが図表8・7である。

図表8・7　代表的な企業の子会社・持分法適用会社数（社）

企業名	子会社数	持分法適用会社数	合計
ソニー	1,337	107	1,444
日立製作所	947	231	1,178
トヨタ自動車	542	54	596
三井物産	272	154	426

　企業集団は，ある会社（以下，親会社と称す）が他の会社（以下，子会社と称す）の株式の所有を通じて支配し形成される。ここで親会社とは，他の企業（子会社）の財務及び営業又は事業の方針を決定する機関（株主総会その他これに準ずる機関をいう）を支配している企業をいい，子会社とは，当該他の企

業をいう（企業会計基準第22号「連結財務諸表に関する会計基準」，以下，連結会計基準と称する）。

親会社は子会社の経営を支配するが，主に次の要件を満たすと，その企業は親会社になる（連結会計基準第7項）。

(1) 他の企業の議決権の過半数を自己の計算において所有している企業
(2) 他の企業の議決権の100分の40以上，100分の50以下を自己の計算において所有している企業であって，かつ，次のいずれかの要件に該当する企業
　① 自己の計算において所有している議決権と，自己と出資，人事，資金，技術，取引等において緊密な関係があることにより自己の意思と同一の内容の議決権を行使すると認められるもの及び自己の意思と同一の内容の議決権を行使することに同意している者が所有している議決権とを合わせて，他の企業の議決権の過半数を占めていること
　② 役員若しくは使用人である者，又はこれらであった者で自己が他の企業の財務及び営業又は事業の方針の決定に関して影響を与えることができる者が，当該地の企業の取締役会その他これに準ずる機関の構成員の過半数を占めていること
　③ 他の企業の重要な財務及び営業又は事業の方針の決定を支配する契約等が存在すること
　④ 他の企業の資金調達額の総額の過半について融資を行っていること
　⑤ その他他の企業の意思決定機関を支配していることが推測される事実が存在すること
(3) 自己の計算において所有している議決権と，自己と出資，人事，資金，技術，取引等において緊密な関係があることにより自己の意思と同一の内容の議決権を行使すると認められる者及び自己の意思と同一の内容の議決権を行使することに同意している者が所有している議決権とを合わせて，他の企業の議決権の過半数を占めている企業であって，かつ，上記②の(a)から(e)までのいずれかの要件に該当する企業

また，企業集団を構成する企業として関連会社も重要である。関連会社とは，企業が出資，人事，資金，技術，取引等の関係を通じて，子会社以外の他の企業の財務及び営業又は事業の方針の決定に対して重要な影響を与えることができる場合における当該子会社以外の他の企業をいう（企業会計基準第16号「持分法に関する会計基準」）。この場合，議決権の20％以上を実質的に所有していたり，20％未満であっても一定の議決権を有しており，かつ，当該会社の財務及び営業又は事業の方針の決定に対して重要な影響を与えることができる一定の事実の存在が必要になる。

（2）個別財務諸表と連結財務諸表

　企業集団（グループ）においては，当該集団に所属する各企業がそれぞれ独立性を保ちながらも，人事，資金，営業などの企業活動が親会社の基本方針やリーダーシップに沿って運営されることになる。この場合に，国内にある親会社の業績は良好であるが国内や海外の子会社の業績は悪化しているケースもあるし，この逆のケースも生じることがある。

　このことから企業集団全体の業績を正確に把握するためには，親会社の業績（財務内容）だけをみていても不十分であり，子会社を含めた業績をみなければならない。このため親会社の財務内容のみが記載されている個別財務諸表だけではなく，親会社の財務諸表に子会社の財務諸表を合算し，企業集団を単位とした連結財務諸表の作成・開示が行われている。連結財務諸表は，企業集団を１つの組織体として取り扱い，親会社が作成するものである。

（3）連結と単体の分析指標の比較

　企業集団（グループ）の分析を行うためには，連結財務諸表と親会社の個別財務諸表との比較を行うことが必要になる。そこで，平成25年度（平成26年３月期）における三浦工業(株)，(株)タクマ，(株)荏原製作所の連結財務諸表（連結）と親会社の個別財務諸表（単体）を用いて，安全性，収益性，成長性の分

析指標から3社を比較したものが図表8・8である。なお，平成26年3月現在，三浦工業㈱の連結子会社は15社，㈱タクマの連結子会社17社，持分法適用会社4社および㈱荏原製作所の連結子会社は51社，持分法適用会社2社である。

まず各社の安全性については，自己資本比率を用いて分析を行っている。当該比率は三浦工業㈱，㈱タクマ，㈱荏原製作所の順に高くなっている。三浦工業㈱と㈱荏原製作所は，単体の方が連結より高いので，親会社の自己資本が充実していることがわかる。

次に，各社の収益性については，売上高経常利益率および総資本経常利益率を用いて分析を行っている。売上高経常利益率では，三浦工業㈱と㈱タクマにおいて単体の方が連結よりも高く，親会社の貢献度が高いことがわかる。また，総資本経常利益率は3社ともに連結の方が単体よりも高くなっている。このことは，ストックとしての総資本がどの程度経常利益の獲得に結びついたかという点で，子会社の貢献度が高いことがわかる。

最後に各社の成長性については，売上高伸び率を用いて分析を行っている。三浦工業㈱と㈱荏原製作所は，連結，単体ともにプラスとなっているが，両社は連結が単体を上回っている。したがって，子会社が企業集団の売上高伸び率の改善に貢献していることがわかる。㈱タクマは，連結，単体ともにマイナスであるが，連結のほうのマイナスが小さくなっている。このことは，子

図表8・8　連結と単体の分析指標の比較

(%)

企業＼分析指標	三浦工業㈱ 連結	三浦工業㈱ 単体	㈱タクマ 連結	㈱タクマ 単体	㈱荏原製作所 連結	㈱荏原製作所 単体
自己資本比率	78.3	80.7	40.2	21.5	39.2	46.9
売上高経常利益率	12.0	12.4	9.8	12.6	7.0	2.8
総資本経常利益率	11.2	8.6	8.7	7.9	5.9	1.3
売上高伸び率	9.4	5.8	▲0.1	▲5.0	5.2	4.2

会社がマイナスの解消に貢献していることを意味している。

(4) 連単倍率を用いた分析

連単倍率は連個倍率ともいわれ，親会社（単体）の指標を1とした場合に，連結財務諸表の指標がその何倍であるかを示している。三浦工業(株)，(株)タクマ，(株)荏原製作所の平成25年度（平成26年3月期）における主要な分析指標の連結と単体の金額を示したものが，図表8・9である。

図表8・9　連結と単体の連単倍率による比較

（百万円／倍）

企業 分析指標	三浦工業(株) 連結	三浦工業(株) 単体	三浦工業(株) 連単倍率	(株)タクマ 連結	(株)タクマ 単体	(株)タクマ 連単倍率	(株)荏原製作所 連結	(株)荏原製作所 単体	(株)荏原製作所 連単倍率
経常利益 （百万円）	10,298	9,175	1.12	9,449	6,530	1.45	31,311	5,128	6.11
当期純利益 （百万円）	6,288	5,312	1.18	8,834	6,792	1.30	18,973	5,279	3.59
1株あたり 純利益（円）	55.92	47.24	1.18	106.86	81.87	1.31	40.86	11.37	3.59
売上高 （百万円）	85,535	74,208	1.15	96,333	51,702	1.86	448,657	184,195	2.44
総資産 （百万円）	117,498	106,807	1.10	108,519	82,962	1.31	530,211	401,260	1.32
純資産 （百万円）	92,177	86,338	1.07	43,888	35,317	1.24	215,048	188,869	1.14

純資産の連単倍率は，親会社の子会社に対する投資状況を表しており，総資産の連単倍率は，負債を含む投資状況を表している。これらの子会社への投資によって売上高や利益への子会社の貢献度を，売上高や利益の連単倍率を用いて評価することができる。

株式会社タクマは，総資産および純資産の連単倍率からすると積極的に子会社への投資を行っているが，この結果，子会社による売上高の増加，経常利益の増加に貢献している。また，荏原製作所も総資産に比べて純資産の連単倍率が低いものの，子会社による売上高，経常利益，当期純利益の増加に貢献している。三浦工業(株)は総資産および純資産の連単倍率からすると子会社への投資は少ないが，売上高の増加に貢献している。

2．セグメント情報による分析

　連結財務諸表は，企業集団内におけるすべての企業の財務諸表を取りまとめた性質を有している。このことから連結財務諸表は，企業集団の財務内容を知るためには不可欠なものである。

　一方，企業集団の事業内容やそれぞれの事業で得られた成果をくわしく知るためには連結財務諸表のみでは困難である。その理由は，連結財務諸表は概括的に作成されているため，企業の事業内容や地域的な特性および問題点を読み取ることができないからである。そこでこれらを読み取るためにセグメント情報を用いる。

　セグメント情報とは有価証券報告書での記載事項の一部であり，売上高等の損益に関する情報や資産の金額に関する情報およびその他の情報といった会計情報を，事業の種類別，親会社・子会社の所在地別等の区分単位（セグメント）に分けて作成・開示されている情報である。

　ここでは平成25年度（平成26年3月期）の三浦工業グループのセグメント情報を，三浦工業(株)第57期有価証券報告書の記載内容にもとづいて，図表8・10および以下の内容で示している。三浦工業グループの事業活動は，主としてボイラーおよび関連機器等の製造販売・メンテナンスを行っている。また，国内事業は三浦工業(株)および国内連結会社が，海外事業は海外連結会社が，それぞれ担当している。このことから三浦工業グループは，製造販売，メンテナ

第8章　成長性の分析と総合評価

図表 8・10　三浦工業グループにおける事業の種類別セグメント情報（平成25年度）

(単位：百万円)

	国内(注)1		海外(注)1		合計	調整額	連結財務諸表計上額
	機器販売事業	メンテナンス事業	機器販売事業	メンテナンス事業			
売上高 　外部顧客への売上高	47,188	25,217	10,301	2,827	85,535	—	85,535
セグメント間の内部売上高又は振替高	1,790	—	163	—	1,953	△1,953	—
計	48,979	25,217	10,464	2,827	87,489	△1,953	85,535
セグメント利益	2,874	5,466	358	115	8,814	150	8,965
セグメント資産	41,238	17,313	11,206	1,178	70,936	46,562	117,498
その他の項目 　減価償却費	1,264	250	260	73	1,848	343	2,192
有形固定資産及び無形固定資産の増加額	2,615	463	1,208	185	4,473	625	5,099

(注)1　報告セグメントの「国内」の区分は国内連結会社,「海外」の区分は海外連結会社の事業活動に係るものである。

ンス体制を基礎とした国内・海外事業別のセグメントから構成されていて,「国内機器販売事業」,「国内メンテナンス事業」,「海外機器販売事業」,「海外メンテナンス事業」を報告セグメントとしている。

　三浦工業グループの売上高の構成は,ボイラーおよび関連機器等の製造販売で67.2%,メンテナンス事業で32.8%となっている。

　他方,売上高営業利益に注目すると,ボイラーおよび関連機器等の製造販売で5.6%,メンテナンス事業で19.9%となっている。また,平成25年度の営業利益に占める割合として,ボイラーおよび関連機器等の製造販売で36.7%,メンテナンス事業で63.3%となっている。このことから売上高の60%以上はボイラーおよび関連機器等の製造販売であるが,逆に営業利益は60%以上をメンテナンス事業で獲得していることになる。

第6節　非財務情報を用いた総合評価

1．非財務情報とCSR報告書

　株主，投資家，取引先，消費者，従業員といったステークホルダーが，それぞれの立場で企業を総合的に評価するためには，貸借対照表，損益計算書，キャッシュ・フロー計算書といった財務諸表上の情報である財務情報のみならず，環境（Environment），社会（Social），ガバナンス（Governance）に関するESG情報に代表される非財務情報の提供の重要性が高まっている。ESG情報は従来から企業の社会的責任に関して記されているCSR報告書を用いて開示されるケースが主流となっている。

　三浦工業(株)においてもCSR報告書が作成・公表している。CSR報告書は，財務諸表とは異なりその作成・公表を企業に対して義務づけているものではない。したがって，作成・公表する企業側としては，貨幣単位での情報開示である財務諸表には表れない企業情報を，CSR報告書を用いて表すことができる。つまり，CSR報告書を作成・公表しようとする企業は，財務諸表にCSR報告書を加えることで，企業全体をステークホルダーに理解してもらおうと努力する。逆に各ステークホルダーは，CSR報告書を用いて企業全体への理解と総合評価を高めることができる。

　ここでは三浦工業(株)『ミウラグループCSR報告書2015』に関する主な記載内容をみてみる。

2．三浦工業(株)のCSR報告書

　三浦工業(株)『ミウラグループCSR報告書2015』に関する記載内容は，以下の図表8・11で示されている。

図表8・11 『ミウラグループCSR報告書2015』の記載内容

```
ミウラグループの概要・事業内容
編集方針／対象範囲／報告対象期間
トップコミットメント
（特集）
 ①ミウラのものづくり
  ・安定供給と品質向上を目指して常に進化
 ②製品による環境貢献
  ・コアビジネスの推進は「ミウラの社会的責任」
  ・社会から信頼される環境に配慮した製品を創出
（環境報告）
 環境マネジメント，環境管理活動，環境教育と訓練，汚染防止の取り組み，自然と
の共生，省エネルギーの取り組み，省資源の取り組み，国内営業，メンテ拠点におけ
るCSR活動，海外現地法人におけるCSR活動
（社会性報告）
 コーポレート・ガバナンス，コンプライアンス，リスクマネジメント，株主・投資
家への責任と行動，お客様への責任と行動，取引先への責任と行動，従業員への責任
と行動，地域社会への責任と行動
（読者からのご意見）
 第三者意見／読者アンケートの結果
```

　三浦工業(株)のCSR報告書の記載内容の特徴として，環境面での記述が多くなっている。これは同社が省エネルギーや環境保全に対して果たすべき役割を明確に意識していることがうかがえる。

　また，記載内容で注目すべきは，トップコミットメントである。その理由は三浦工業(株)の経営者が直接に語りかけていることから，その内容は同社の経営を支える重要な基盤となっているからである。トップコミットメントでは，法令等の遵守，安全性の重視，お客様の満足・信頼，人権尊重，取引ルールの遵守，環境問題に対する取り組みなどのミウラグループ企業行動規範が示されており，同社の日常の事業活動に対して基本的な指針を与えている。

〈監修者紹介〉

倉田　三郎（くらた　さぶろう）　1936年生まれ
神戸大学大学院経営学研究科博士課程修了
現在　大阪国際大学学長相談役，松山大学名誉教授，尾道市立大学名誉教授，大阪国際大学名誉教授，株式会社あいテレビ常勤監査役

〈編著者紹介〉

藤永　弘（ふじなが　ひろし）　1940年生まれ
中央大学大学院商学研究科博士課程修了
現在　地域経営未来総合研究所長，札幌学院大学名誉教授

〈著者紹介〉

長井　敏行（ながい　としゆき）　1948年生まれ
専修大学大学院経済学研究科修士課程修了
現在　北海道情報大学教授

宮地　晃輔（みやち　こうすけ）　1966年生まれ
九州芸術工科大学（現九州大学）大学院博士後期課程生活環境専攻環境システム分野修了
現在　長崎県立大学経営学部教授

安高真一郎（あたかしんいちろう）　1978年生まれ
早稲田大学大学院情報生産システム研究科博士課程修了
現在　大阪国際大学経営経済学部准教授

松本　大吾（まつもと　だいご）　1980年生まれ
青森公立大学大学院経営経済学研究科博士後期課程単位取得退学
現在　青森大学総合経営学部講師

平成25年1月10日　初版発行
平成26年11月20日　初版2刷発行
平成27年12月5日　第2版発行　　《検印省略》
令和2年9月10日　第2版4刷発行　　略称―新版入門分析（2）

新版　入門経営分析（第2版）

監修者　ⓒ　倉田　三郎
編著者　　　藤永　弘
発行者　　　中島　治久

発行所　同文舘出版株式会社
東京都千代田区神田神保町1-41　〒101-0051
電話　営業(03)3294-1801　編集(03)3294-1803
振替　00100-8-42935

印刷・製本：三美印刷
Printed in Japan 2015

ISBN 978-4-495-19812-1

JCOPY〈出版者著作権管理機構 委託出版物〉
本書の無断複製は著作権法上での例外を除き禁じられています。複製される場合は，そのつど事前に，出版者著作権管理機構（電話 03-5244-5088，FAX 03-5244-5089，e-mail: info@jcopy.or.jp）の許諾を得てください。